Ariel Dorfman - Teatro - Tomo 1 - Ed

ARIEL DORFMAN

La Muerte y la Doncella

TEATRO 1

 Ediciones de la Flor

© 1992 *by* Ediciones de la Flor S.R.L.
Anchoris 27, 1280 Buenos Aires, República Argentina
Hecho el depósito que previene la ley 11.723
Impreso en Argentina. *Printed in Argentina*

ISBN 950–515–471–8

Indice

La Muerte y la Doncella

Esta obra es para Harold Pinter y
María Elena Duvauchelle

UNA OBRA TEATRAL
SOBRE LA JUSTICIA Y EL PERDON

ELIE WIESEL

(El periódico *New York Newsday* pidió a Elie Wiesel, premio Nobel y sobreviviente del Holocausto, un comentario sobre *"La Muerte y la Doncella".*)

Como no soy crítico teatral, no hablaré de las cualidades dramáticas de las obra ni de sus fallas; no discutiré si una tragedia humana de esta magnitud debe presentarse, aunque incidentalmente, como entretenimiento. Tampoco me corresponde analizar el trabajo de los actores.

Sólo como espectador me han invitado a comentar esta obra política y psicológica de Ariel Dorfman. La encontré enormemente estimulante. Ni por un instante dejé de atender a la acción, que se desarrolla en más de un nivel y plantea más de una pregunta. Locura y recuerdo, venganza y amor, justicia y perdón: temas que dominan a nuestra generación que ha convivido con ellos en Europa y también en Chile, y que es el encuadre aparente de los protagonistas del autor y de su simbolismo.

Un abogado, Gerardo Escobar; Paulina, su esposa; un médico, Roberto Miranda: unidos y separados por un cruel destino, estos tres personajes son reunidos por accidente.

Esa noche en particular Gerardo llega tarde. Su esposa ya no puede controlar su ansiedad. Esta es la primera indicación de que no vive en tiempos normales... una simple demora no la pondría en semejante estado. Por suerte, otro amable automovilista, un médico, lo lleva a su casa. ¿Entonces se acabó el problema? No. La historia, que en cierto sentido acaba de comenzar, en realidad es la continuación,

9

por no decir el *dénouement*, de una historia más larga que anteriormente había convertido a su país en una cárcel. El automovilista reaparece esa noche; Paulina reconoce su voz. Es el torturador que, quince años atrás, durante un régimen dictatorial, la había humillado, torturado y violado. La víctima de ayer quiere convertirse en la acusadora de hoy, en la jueza, tal vez en la ejecutora. Y los tres personajes participan en una parodia de juicio en la que el público actúa como jurado. Pero, ¿el juicio a quién? ¿Es el juicio a un médico sádico que ha traicionado su juramento, que es culpable de los crímenes más bajos, crímenes que todo el mundo prefiere olvidar? ¿O a un marido que no puede entender ni entenderá nunca que su esposa sufre un trauma que se ha convertido en parte de su propio ser? ¿O la sociedad que ha permitido que esto suceda?

Estos tres personajes, unidos para siempre por la vida, por una vida destrozada, sólo tienen en común el recuerdo mismo que, paradójicamente, los mantendrá aislados uno del otro para siempre. El marido, que nunca fue torturado, ¿puede comprender la "locura" de una mujer que tiene cicatrices en la memoria? El médico de hoy, ¿se siente responsable de los actos que inspiraron a su víctima a desear su ruina y su muerte para liberarse ella de su vergüenza? Naturalmente, para él la solución consiste en olvidar. Pero su víctima se niega a olvidar. Y el marido, abogado y activista en derechos humanos, propone un compromiso entre los dos extremos o contra ellos: enterarse de los crímenes y hacerlos conocer sin castigar a los criminales.

De pronto, no sólo Chile requiere nuestra atención. Otras víctimas, en otros momentos y lugares han enfrentado problemas similares. ¿Un ser humano sigue siendo humano después de haber descendido a las profundidades de lo inhumano? ¿Un amante de Schubert puede ser a la vez un torturador? Además, ¿en qué punto la justicia se transforma en venganza? ¿En qué punto la ética del individuo debe dar paso a los intereses más importantes del Estado? Y, por otra

10

parte, ¿cómo hace uno para llevar una existencia "normal" después de haber pasado por un infierno? ¿Es una locura quedar ligado al pasado y a sus fantasmas? ¿Podemos olvidar sin perdonar? ¿Podemos olvidar sin traicionar, sin traicionarnos a nosotros mismos? ¿Tenemos derecho a perdonar en nombre de otros?

En el final de la obra, que no sería justo revelar, yo no sabía si Paulina había perdonado. Sólo sé que no ha olvidado. Nosotros tampoco.

(Traducido por Alicia Steimberg
de la versión inglesa de Sylviane Gold.)

La Muerte y la Doncella

Personajes

Paulina Salas, una mujer de unos cuarenta años.
Gerardo Escobar, un abogado de unos cuarentitantos años.
Roberto Miranda, un médico de unos cincuenta años.

El tiempo es el presente; y el lugar, un país que es probablemente Chile, aunque puede tratarse de cualquier país que acaba de salir de una dictadura.

PRIMER ACTO

Escena 1

Ruido del mar.
Es de noche.
El living-comedor de la casa de playa de los Escobar, con
una mesa puesta para una cena para dos. Hay por lo
menos tres sillas, una cassette-grabadora, una lámpa-
ra. Afuera, una terraza frente al mar comunicada con
el living por medio de ventanales. Hay una puerta
desde la terraza que conduce a un dormitorio. En la
terraza se encuentra sentada Paulina Salas, como si
estuviera bebiéndose la luz de la luna. Se escucha el
ruido de un auto a lo lejos. Ella se levanta, va hasta el
living, mira por la ventana, retrocede, busca algo, y
cuando se ilumina la pieza con focos de luces del auto
que se avecina se ve que ella tiene en sus manos un
revólver. El auto frena con el motor todavía andando,

las luces sobre ella. Sonido de una puerta de auto que se abre y se cierra.

Voz de Gerardo (off): ¿Seguro que no quieres entrar? Un traguito, siquiera... Entonces nos juntamos antes de que yo me vaya... el lunes tengo que estar de vuelta... ¿Te parece el domingo?... Mi mujer hace un piscosour que es de miedo... Oye, no sabes cuánto te lo agradezco... Así que hasta el domingo. (*Se ríe*)
(*Paulina esconde el revólver. Se esconde detrás de las cortinas. El auto parte y queda el escenario iluminado sólo por la luz de la luna. Entra Gerardo*)
Gerardo: ¿Paulina? ¿M'hijita? Que está oscuro esto...
(*Ve a Paulina escondida. Enciende una lámpara.*) ¿Pero qué haces allí, Paulineta linda, mi gatita amorosa? Perdona que haya tardado tanto en... Yo...
Paulina (tratando de no parecer alterada): ¿Quién era?
Gerardo: Lo que pasa...
Paulina: ¿Quién te trajo?
Gerardo: ... es que tuve un... no, no te preocupes, si no fue un accidente, lo que pasa es que el auto... —por suerte un tipo me paró —se me pinchó un neumático. Oye, que está lúgubre esto. (*Prende otra lámpara. Ve la mesa puesta.*) Pobrecita. Debe haberse enfriado, ¿no?, la...
Paulina (muy calmada, hasta el final de la escena): Se calienta. Siempre que tengamos algo que celebrar, ¿no? (*Pausa*). ¿Tienes algo que celebrar, Gerardo?
Gerardo: Eso depende de ti. (*Pausa larga. Saca un clavo enorme de su bolsillo*) ¿Sabes lo que es esto? El

clavo hijo de puta que me pinchó el neumático.
¿Y sabes lo que pasa cuando a uno se le pincha...?
Se cambia el neumático. Se cambia, siempre que
haya uno de repuesto, ¿no? Siempre que la mujer
se haya acordado de parchar el de repuesto, ¿no?

Paulina: La mujer. Siempre la mujer. Parcharlo te
toca a ti.

Gerardo: Perdóname, mi amor, pero habíamos quedado que...

Paulina: Te toca a ti. Yo me ocupo de la casa y tú
puedes ocuparte alguna vez del...

Gerardo: No quieres tener una empleada pero después...

Paulina: ...auto por lo menos.

Gerardo: ...después te quejas...

Paulina: Yo jamás me quejo.

Gerardo: Esta es una discusión absurda. ¿Por qué
estamos peleando? Ya me olvidé de qué...

Paulina: No estamos peleando, mi amor. Me acusas-
te de no parchar tu neumático.

Gerardo: ¿Mi neumático?

Paulina: ...y yo te dije con toda dulzura que...

Gerardo: Un momento. Aclaremos este asunto de
una vez. Que no parchaste el neumático, nuestro
neumático, pase; pero hay otro pequeño asunto
que aclarar. La gata.

Paulina: ¿Qué gata?

Gerardo: En efecto. ¿Qué gata? ¿Qué hiciste con mi
gata? Porque tampoco estaba...

Paulina: ¿Tu gata? Tu gata está acá, mi amor...

Gerardo: ¿Mi gata?

Paulina: Tu gatita.

(*Gerardo se ríe, la toma en brazos, la besa*)

17

Gerardo: Ahora dime: ¡la gata del auto! ¿Qué hiciste con…?

Paulina: Se la presté a mi mamá.

Gerardo (soltándola): ¿A tu madre? ¿Se la prestaste a tu madre?

Paulina: A mi mamá, sí.

Gerardo: ¿Y se puede saber por qué?

Paulina: Se puede. Porque le hacía falta.

Gerardo: Mientras que a mí, claro, a nosotros supongo que no nos… No se puede… Mi amor, no puedes hacer eso.

Paulina: Mamá se iba de viaje al Sur y verdaderamente lo necesitaba, mientras que tú…

Gerardo: Mientras que yo me jodo.

Paulina: No.

Gerardo: Sí. Recibo un telegrama y me tengo que ir de urgencia a la capital para ver al Presidente en lo que es la reunión más importante de mi vida y…

Paulina: ¿Y…?

Gerardo: Y se me mete un clavo hijo de puta; por suerte no fue a la ida que se me clavó el hijo de…, y ahí me quedé sin repuesto y sin gata en la carretera… Paulina, yo no sé si tu linda cabeza puede darse cuenta de que…

Paulina: Mi linda cabeza sabía que ibas a encontrar alguien que te ayudara. ¿Era buena moza, por lo menos? ¿Sexy?

Gerardo: Ya te dije que era un hombre.

Paulina: No me dijiste nada por el estilo.

Gerardo: ¿Por qué siempre tienes que suponer que va a haber una mujer que…?

Paulina: ¿Por qué será, no? (*Breve pausa*) ¿Simpático? ¿El tipo que te…?

Gerardo: Simpatiquísimo. Por suerte me...

Paulina: ¿Ves? No sé cómo te las arreglas, pero siempre te las arreglas para que todo te salga bien... Mientras que mamá, seguro que si tiene un panne...

Gerardo: No sabes cuánta alegría me da pensar en tu madre explorando el Sur libre de preocupaciones, mientras yo me tuve que chupar horas...

Paulina: Exageraciones sí que no...

Gerardo: Cuarenticinco minutos. Por reloj. Pasaban los autos como si no me vieran. Cuando la gente parte a la playa por el fin de semana es como si perdiera todo sentido cívico de... Empecé a mover los brazos como molino de viento a ver si con eso... igual no me paró ni un alma. Se nos ha olvidado lo que es la solidaridad en este país, eso es lo que pasa. Por suerte, este señor —Roberto Miranda, se llama— lo invité a que se tomara un...

Paulina: Te escuché.

Gerardo: El domingo, ¿te parece?

Paulina: Bueno.

(*Pausa*)

Gerardo: Como nos volvemos el lunes. Me vuelvo. Y si tú quieres acompañarme, acortar estas vacaciones...

Paulina: Así que te nombraron, ¿eh?

(*Breve pausa*)

Gerardo: Sí.

Paulina: La culminación de tu carrera.

Gerardo: No la llamaría culminación. Después de todo soy el más joven de los nombrados, ¿no?

Paulina: Cuando seas Ministro de Justicia, sería la culminación, ¿eh?

Gerardo: Eso sí que no depende de mí.

Paulina: ¿Se lo dijiste a él?

Gerardo: ¿A quién?

Paulina: A tu... buen Samaritano.

Gerardo: ¿A...? Pero si ni lo conozco. Es la primera vez en mi... Además, todavía no dicidí si voy a...

Paulina: Ya decidiste.

Gerardo: Dije que le contestaría mañana, que me sentía extraordinariamente honrado pero que necesitaba...

Paulina ¿Al Presidente?

Gerardo: Al Presidente. Que lo tenía que pensar.

Paulina: No veo qué tienes que pensar. Ya lo decidiste, Gerardo, sabes que lo decidiste, es para esto que llevas años trabajando, por qué te haces el que...

Gerardo: Porque primero tengo que... tú tienes que decirme que sí.

Paulina: Entonces: sí.

Gerardo: No es el sí que necesito.

Paulina: Es el único sí que tengo.

Gerardo: Yo te he escuchado otros. (*Breve pausa*) En el caso de que acepte, tengo que saber que cuento contigo, que no sientes que esto puede crearte ningún tipo de... No sé, podría ser duro para ti tener que... Una recaída tuya me dejaría...

Paulina: Vulnerable. Paralizado. Tendrías que cuidarme de nuevo, ¿no?

Gerardo: No seas injusta. (*Pausa breve*) ¿Me criticas que te cuidé, que te voy a seguir cuidando...?

20

Paulina: Y le dijiste eso al Presidente, que tu mujer podría tener problemas con...

(*Pausa*)

Gerardo: El no sabe. Nadie sabe. Ni tu madre sabe.

Paulina: Hay gente que sabe.

Gerardo: No me refiero a ese tipo de gente. Nadie en el nuevo gobierno sabe. Me refiero a que no es público, como nunca hiciste... nunca hicimos una denuncia...

Paulina: Sólo casos de muerte, ¿no?

Gerardo: No entiendo, Paulina.

Paulina: La Comisión. Sólo se ocupa de casos de muerte.

Gerardo: La Comisión investiga casos de muerte o con presunción de muerte.

Paulina: Sólo casos graves.

Gerardo: Se supone que esclareciendo lo más terrible, se echa luz sobre...

Paulina: Sólo casos graves.

Gerardo: Digamos los casos... digamos, irreparables.

Paulina (lentamente): Irreparables.

Gerardo: A mí no me gusta hablar de esto, Paulina.

Paulina: A mí tampoco.

Gerardo: Pero tendremos que hablar, ¿no? Voy a pasarme meses recogiendo testimonios que... Y cada vez que vuelva a casa..., yo te voy a... supongo que tú querrás que yo te cuente... Y si tú no lo puedes tolerar, si tú... Si tú... (*La toma en brazos*). Si supieras lo que te quiero. Si supieras cómo todavía me duele.

(*Breve pausa*)

Paulina (sin soltarse, ferozmente): Sí. Sí. Sí. ¿Ese es el sí que quieres?

21

Gerardo: Es el sí que quiero.

Paulina: Necesitamos que se establezca toda la verdad. Prométeme que...

Gerardo: Toda. Toda la que se pueda... comprobar. (*Pausa*) Estamos...

Paulina: Atados.

Gerardo: Limitados, digamos. Pero dentro de esos límites es bastante lo que se puede... Publicaremos los resultados. Un libro oficial en el que quede para siempre establecido lo que pasó, para que nadie pueda negarlo, para que nunca más nuestro país conozca excesos como...

Paulina: ¿Y después? (*Gerardo no responde*) Escuchan a las parientes de las víctimas, denuncias los crímenes, ¿qué pasa con los criminales?

Gerardo: Traspasamos lo averiguado a los tribunales de justicia para que ellos dispongan si corresponde o no...

Paulina: ¿Los tribunales? ¿De justicia? ¿Los mismos tribunales que jamás intervinieron para salvar una vida en diecisiete años de dictadura? ¿Vas a entregarle tu informe al juez Peralta? ¿El que le dijo a esa pobre mujer que dejara de molestarlo, que su marido no estaba desaparecido sino que se había ido con alguien más joven y atractiva? ¿Tribunales de justicia? ¿De justicia?
(*Paulina empieza a reírse suavemente pero con una cierta histeria subterránea.*)

Gerardo: Paulina. Paulina, basta. Paulina. (*El la toma en sus brazos. Ella se va calmando*) Tontita. Tontita linda, mi gata. (*Breve pausa*) ¿Y qué hubiera pasado si la panne la tienes tú? Tú ahí en el camino con los autos pasando, las luces pasando como un grito, sin que nadie te... Has pensado qué te podría haber...

Paulina: Alguien me hubiera parado. Probablemente el mismo. ¿Miranda?

Gerardo: Más que probable. En eso se pasa... rescatando huérfanos y amparando doncellas.

Paulina: ¿Como tú?

Gerardo: Almas gemelas.

Paulina: Debe ser simpático entonces.

Gerardo: Muy buena gente. Si no es por él... Lo invité para el domingo. ¿Te parece?

Paulina: Bueno. Tuve miedo. Escuché un auto y no era el tuyo.

Gerardo: Pero no había peligro.

Paulina: No. (*Pausa breve*). Gerardo. Ya le dijiste que sí al Presidente, ¿no es cierto? La verdad, Gerardo. ¿O vas a comenzar tu labor en la Comisión con una mentira?

Gerardo: No quería hacerte daño.

Paulina: Le dijiste que aceptabas, al Presidente. ¿No? ¿Antes de consultarme? (*Pausa breve*)

Gerardo: Sí. Ya le dije que sí. Antes de consultarte. (*Bajan las luces*)

Escena 2

Una hora más tarde. Nadie en escena. Sigue, más débil, la luz de la luna. Se escucha el ruido de un auto que se aproxima. Luego los focos iluminan el living, se apagan, se abre y cierra una puerta de automóvil. Suenan golpes en la puerta, primero tímidos, después más fuertes.
Una lámpara se enciende en off, desde el dormitorio de los Escobar, y se apaga enseguida. Se escucha la voz de Gerardo en off.

Gerardo: Tranquila, Pau, tranquila. Nadie va a venir a... (*Suenan los golpes, aun más fuertes*) No tengo por qué... Está bien, amor, está bien, me voy a cuidar, ¿ya?
(*Entra Gerardo, en piyama. Prende una lámpara*)

Gerardo: Ya voy, Ya voy. (*Va hasta la puerta y la abre. Afuera está Roberto Miranda*) Ah, eres tú.

Roberto: Me tienes que perdonar esta... Es que pensé que todavía estarías en pie celebrando.

Gerardo: Adelante, por favor. (*Roberto entra a la casa*) Lo que pasa es que uno todavía no se acostumbra.

Roberto: ¿Acostumbrarse?

Gerardo: A la democracia. Que llamen a tu puerta a la medianoche y sea un amigo y no... (*Paulina sale a la terraza y se pone a escuchar. Los hombres no pueden verla*)

Roberto: Y no estos hijos de puta, ¿no?

Gerardo: Y mi mujer... está algo nerviosa y... Entenderás entonces que... tendrás que perdonarla si ella no viene a... Y si bajáramos la voz...

Roberto: Pero faltaba más, si yo...

Gerardo: Siéntate, por favor, toma asiento.

Roberto: Si vine sólo de paso, para... Pero sólo un minutito, sabes. Pero te preguntarás a qué se debe esta intempestiva... Cuando iba a casa, no sé si te acuerdas que tenía la radio prendida, te acuerdas que...

Gerardo: Pero te sirves un traguito, ¿no? No te puedo ofrecer el famoso pisco sour que hace mi mujer... Pero yo tengo un cognac que traje de un viaje y que... (*Paulina se acerca, escondida, para escuchar mejor*)

Roberto: No, muchas gracias, yo... Bueno, un pocón, eso sí. Así que tenía la radio prendida y... me quedé de una pieza, de repente tu nombre en el noticiario, la nómina de miembros de la Comisión Investigadora Presidencial, y dicen don Gerardo Escobar, y me dije ese nombre me suena, pero dónde, quién, me quedó dando vueltas, y al llegar a casa me di cuenta de quién se trataba y junto con eso me acordé de que yo me había quedado con tu neumático de repuesto en el portamaletas de mi auto y que mañana ibas a tener que parcharlo y... Bueno, la verdad, la verdad, es que... ¿quieres saber la verdad?

Gerardo: Me encantaría saber la verdad.

Roberto: Pensé: tan importante lo que va a hacer este hombre, lo que este hombre hace por el país... para que este país se reconcilie, para que se acaben las divisiones y odiosidades del pasado. Vas a tener que recorrer todo el país recogiendo testimonios, ¿no?

Gerardo: Cierto, cierto, pero no es para...

Roberto: Y me dije este hombre lo hace por nosotros, por mí, por todos, sacrificarse así... Y lo menos que yo puedo hacer es ir a dejarle el neumático porque a esta punta no llega ni Cristo y que no tenga él que perder el tiempo, pensé, que debe ser tan valioso...

Gerardo: Pero, por favor, hombre, me vas a hacer sentirme...

Roberto: Esta Comisión va a permitirnos cerrar un capítulo tan doloroso de nuestra historia, y me dije, estoy solo este fin de semana, tengo que ayudar... por pocón que sea...

Gerardo: Podrías haber esperado hasta mañana...

Roberto: ¿Y si tú te levantas de madrugada? Y cuando llegas a tu auto, no está el neumático de repuesto, ¿eh? ¿Y recién ahí tienes que venir a buscarme? No, mi señor, tenía que traértelo y de paso decirte que me ofrezco para ir contigo mañana a

parcharlo y luego con mi gata vamos a buscar tu
auto... Oye, y tu gata, qué se hizo, averiguaste lo
que...

Gerardo: Mi mujer se la prestó a su madre.

Roberto: ¿A su madre?

Gerardo: Tú sabes cómo son las mujeres...

Roberto (riéndose): ¡No lo voy a saber! El último miste-
rio. Vamos a penetrar todas las fronteras, mi
amigo, y nos va a quedar esa alma insondable
femenina. Sabes lo que escribió Nietzsche... Por
lo menos creo que fue Nietzsche. Que jamás
podremos poseer esa alma femenina. Y eso que el
viejo Nietzsche nunca se encontró sin gata en el
medio del camino por culpa de una mujer.

Gerardo: Sin gata y sin neumático.

Roberto: Y sin neumático. Con mayor razón entonces
te acompaño y terminamos el operativo en una
mañana...

Gerardo: Pero estoy abusando de tu...

Roberto: Faltaba más. A mí me gusta ayudar a la gente,
sabes... Soy médico, creo que te dije, ¿no? Así que
las emergencias son para mí el pan de cada día.
Claro que no sólo ayudo a la gente importante,
no creas...

Gerardo: Si hubieras sabido en lo que te estabas
metiendo yo creo que aceleras, ¿no?

Roberto (se ríe): A fondo. No, en serio, no es ninguna
molestia. Es más bien un honor. La verdad la
verdad, vine para felicitarte, para decirte que...
Esto es lo que le hace falta al país, saber de una vez
por todas la verdad...

Gerardo: Lo que al país le hace falta es justicia, pero
si podemos establecer la verdad...

Roberto: Es lo mismo que digo yo. Aunque no podamos juzgar a esta gente, aunque se acojan a esa aberración de una amnistía... que se publiquen sus nombres, por lo menos...

Gerardo: Los nombres se mantienen en reserva, a la Comisión no le toca revelarlos...

Roberto: En este país todo se termina sabiendo. Que sus hijos, que sus nietos vengan y les pregunten es verdad tú hiciste esto de que te acusan... y ellos tendrán que mentir, dirán que jamás, yo no, dirán, son calumnias, es una conspiración comunista, qué sé yo qué estupidez dirán, pero se les notará en cada mirada y los mismos hijos, los nietos les tendrán pena y asco. No es como meterlos en la cárcel pero...

Gerardo: Tal vez algún día...

Roberto: Nunca se sabe. Por ahí, si la gente se indigna, capaz de que se pueda derogar la ley de amnistía también.

Gerardo: A nuestra Comisión eso no nos compete. Nosotros reunimos antecedentes, escuchamos testigos, averiguamos...

Roberto: Yo estoy por matar a estos hijos de puta, pero veo...

Gerardo: Lamento tener que discrepar, Roberto, pero opino que la pena de muerte no resuelve ningún...

Roberto: Vamos a tener que discrepar entonces, Gerardo. Hay gente que no merece estar viva. Pero a lo que iba es que creo que van a tener un problema más o menos serio...

Gerardo: Vamos a tener un montón de problemas serios. Para empezar, el Ejército nos va a hacer la contra durante todo el… Ya le avisaron al Presidente que consideraban esta investigación un agravio, que era inaceptable que se estuvieran removiendo las heridas del pasado. Por suerte, siguió adelante, pero…

Roberto: En ese caso, capaz de que tengas razón y no se sepa finalmente quiénes son estos tipos, no ves que forman una especie de… cofradía, fraternidad.

Gerardo: Mafia.

Roberto: Eso. Una mafia. Nadie cuenta nada y se cubren las espaldas entre todos, y si lo que dices es cierto entonces los militares no van a permitir a ninguno de sus hombres que vayan a declarar, y si ustedes los citan van a decir que se vayan a la puta que los parió… Así que quizás eso que dije de sus hijos, sus nietos, quizás después de todo…

Gerardo: Quién sabe. El Presidente me adelantó… Esto, en confianza, por cierto…

Roberto: Por cierto.

Gerardo: Me adelantó que hay gente que está dispuesta a declarar, en secreto, sabes, dándoseles todo tipo de garantías de confidencialidad. Y una vez que se larguen, una vez que comiencen a confesar, es increíble la cadena de nombres que va a salir… Como dijiste tú: en este país todo se termina sabiendo.

Roberto: Ojalá compartiera tu optimismo. Temo que haya cosas que no se van a saber nunca.

Gerardo: Estamos limitados, pero no tan limitados, mi amigo. Sanción moral, por lo menos, tendrá que haber… Ya que los tribunales…

Roberto: Dios te oiga. Pero (*mira su reloj*)… por Dios,

si son las dos de la mañana. Mira, vengo mañana a buscarte, digamos a las… te parece bien las nueve, así…

Gerardo: ¿Y por qué no te quedas? Al menos que alguien te esté esperando en tu…

Roberto: Nadie.

Gerardo: Bueno, si estás solo.

Roberto: Por ahora. Mi mujer y los niños están de viaje. A Disneylandia se fueron… y como a mí me carga viajar, y tengo mis pacientes que… preferí quedarme, tener tiempo para escuchar mis cuartetos, mirar las olas. Pero a lo que vine es a ayudar y no ser una molestia. Mejor me voy y…

Gerardo: Faltaba más. Te quedas. Tenemos ropa de cama de más. Estás… ¿qué?… a como media hora o más.

Roberto: Unos cuarenta minutos por el camino de la costa, y si me apuro…

Gerardo: No hay más que hablar. Te quedas. Paulina va a estar encantada. Ya vas a ver, mañana nos prepara un rico desayuno…

Roberto: Bueno, eso del desayuno me termina de convencer, mira que ni leche tengo en la casa. Y la verdad la verdad es que estoy rendido… ¿Y el baño?

(*Paulina rápidamente se va de la terraza hacia el dormitorio*)

Gerardo: Por allá. ¿No sé si te hace falta algo más…? Un cepillo de dientes es lo único que realmente no te puedo…

Roberto: Una de las cosas que nunca se comparten, mi amigo, es el cepillo de dientes.

(*Gerardo se ríe y luego sale hacia un lado y Roberto*)

hacia el otro. Se escucha la voz de Gerardo en off)
Gerardo: M'hijita. Paulina, amor... Oye, amorosa, ¿me estás escuchando? Para que no te asustes, mi amor, Roberto Miranda, el doctor que me recogió en la carretera, se está quedando a dormir acá porque mañana me va a acompañar a... Mi amor, ¿me escuchas?
Paulina (también en off, aparentemente adormilada): Sí, mi amor.
Gerardo: Es para que sepas. Es un amigo, ¿ya? Para que no tengas miedo. Mañana nos haces un rico desayuno...
(*Excepto el ruido del mar, silencio total*)

Escena 3

*Han pasado algunos minutos. Una nube oscurece la
luna. El ruido del mar. Silencio. Aparece Paulina,
vestida, en el living-comedor. Por la luz de la luna se la
ve ir hasta el cajón y sacar el revólver. Y vagamente
también se ve en sus manos lo que parecen ser medias de
mujer. Su silueta cruza el living-comedor hasta la
entrada al dormitorio donde duerme Roberto. Espera
un instante, escuchando. Entra. Pasan varios instantes.
Hay un ruido confuso, como de un golpe y un grito
ahogado. Después de un período de silencio, ella entra,
vuelve a la puerta de su dormitorio y lo cierra con llave.
Vuelve al dormitorio de Miranda y luego se ve su silueta
que entra en escena arrastrando algo que parece ser un
cuerpo y al que se identificará luego como Roberto
Miranda. Más ruidos. Ella levanta penosamente el*

cuerpo y lo ata a una silla. Vuelve al dormitorio de Roberto y retorna con lo que parece ser su chaqueta, sacando un manojo de llaves de adentro. Comienza a irse. Se detiene. Vuelve al cuerpo de Miranda. Se saca los calzones y se los mete en la boca a Roberto.
Sale de la casa. Se escucha el motor del auto de Miranda y los focos del auto que se prenden brevemente. Al barrer la escena brevemente, antes de irse, vemos que efectivamente es Roberto Miranda quien está atado en una de las sillas, totalmente inconsciente, y con la boca amordazada. Se va el auto. Oscuridad.

Escena 4

Está amaneciendo.
Roberto abre los ojos. Hace un esfuerzo por levantarse y
se da cuenta de que está atado. Empieza a debatirse
desesperadamente. Paulina está frente a él con el revólver,
recostada en un sofá. Roberto la mira despavorido.
Paulina: Buenos días, Doctor... Miranda. Doctor
Miranda. (*Toma el revólver y apunta a Roberto*
juguetonamente)
¿Será algo de los Miranda de San Fernando? Yo
tuve una compañera de Universidad que se llamaba Miranda, Ana María Miranda, la Anita,
bien habilosa, tenía una memoria, le decíamos
nuestra enciclopedita, ni sé qué habrá sido de
ella, debe haber terminado de médico igual que
usted, ¿no?... Yo no terminé la carrera, Doctor

35

Miranda. A ver si adivina por qué nunca terminé mi carrera, por qué no me recibí; estoy segura que no le va a costar mucho imaginarse las razones.

Por suerte estaba Gerardo, y él... bueno, no puedo decir realmente de que me estuviese esperando, pero digamos, sí, que me amaba... así que no tuve que volver a la Universidad a recibirme. Una suerte, porque le agarré... bueno, fobia no es la palabra exacta, resquemor... a la profesión. Pero nada es definitivo en la vida, dicen, y por ahí me matriculo de nuevo, o pido mi reincorporación. Leí que estaban aceptando peticiones de los exonerados.

Pero debe tener hambre y a mí me toca hacer el desayuno, ¿no?, un rico desayuno. A usted le gusta... a ver, jamón con mayonesa, creo, no es cierto, sandwiches de jamón con uno de los panes untados en mayonesa, creo que eran... No tenemos mayonesa, pero jamón sí, a Gerardo también le gusta el jamón. Tiene que perdonarnos de que no tengamos mayonesa. Por el momento. Ya me voy a ir informando de sus otros gustos.

No tendrá inconveniente, supongo, que esto sea por ahora un monólogo. Ya le daremos ocasión para que usted diga lo suyo, doctor. Lo que pasa es que no quisiera sacarle esa... mordaza, se llama, ¿no?... hasta que no despierte Gerardo. Tan cansado el pobre, pero lo tendré que despertar dentro de poco. ¿Le dije que llamé a la grúa? Deben estar por venir ya.

(*Va hasta la puerta del dormitorio y la abre*)

La verdad verdad es que tiene aire de aburrido. ¿Qué le parece si mientras yo les hago un rico desayuno... Yo sí que tengo leche... qué le parece algo de Schubert? ¿La Muerte y la Doncella? ¿Supongo que no le importará que le saqué la cassette de su auto, Doctor?

(*Va al tocacassettes y pone una cassette. Empieza a escucharse "La Muerte y la Doncella" de Schubert*)

¿Sabe hace cuánto que no escucho este cuarteto? Trato, por lo menos, de no escucharlo. Si lo ponen en la radio, lo apago, incluso me cuido de salir demasiado, me excuso y Gerardo sale solo. Si algún día lo nombran Ministro voy a tener que acompañarlo. Una noche fuimos a cenar a casa de... eran personas importantes, de esas con fotos en las páginas sociales... y la anfitriona puso Schubert, una sonata para piano, y yo pensé me levanto y la apago o simplemente me levanto y me voy, pero mi cuerpo decidió por mí, porque me sentí mareada, repentinamente enferma y tuvimos que partir con Gerardo, y ahí se quedaron los demás escuchando a Schubert sin saber lo que había causado mi mal. Así que rezo que no vayan jamás a poner Schubert, extraño no, cuando era, y yo diría... sí, yo diría que sigue siendo mi compositor preferido, esa tristeza suave, noble... Pero siempre me prometí que llegaría un momento para recuperarlo. Tantas cosas que quizás puedan cambiar a partir de ahora, ¿no? Estuve a punto de botar todo el Schubert que tenía, fíjese qué locura, ¿no?

Se me ocurre que ahora voy a poder empezar a escuchar de nuevo mi Schubert, ir a algún concierto de nuevo como solíamos hacerlo cuando... ¿Sabía que Schubert era homosexual? Pero claro que lo sabe, si fue usted el que me lo repitió una y otra vez, acá en el oído, mientras me tocaba justamente "La Muerte y la Doncella". Esta cassette que le encontré, ¿es la misma que usted me tocó, Doctor Miranda, o la va renovando todos los años para que el sonido esté siempre... prístino? (*Va hasta la puerta del dormitorio y le dice a Gerardo*) Qué maravilla este cuarteto, ¿no, Gerardo? (*Ella vuelve a su asiento. Después de un instante, entra Gerardo, adormilado*) Buenos días, mi amor. Tienes que perdonarme de que todavía no esté listo el desayuno.

(*Al ver a Gerardo, Roberto hace esfuerzos desesperados por desatarse. Gerardo mira la escena atónito*)

Gerardo: ¡Paulina! Pero qué pasa acá, qué está... pero ¿qué locura es ésta? Roberto... Señor Miranda, yo...

(*Va hacia Roberto*)

Paulina: No lo toques.

Gerardo: ¿Qué?

Paulina (*levantando el revólver*): No lo toques.

Gerardo: Pero ¿qué está pasando acá, qué locura es...?

Paulina: ¡Es él!

Gerardo: Deja inmediatamente ese...

Paulina: Es él.

Gerardo: ¿Quién?

Paulina: Es el médico.

Gerardo: ¿Cuál médico?

Paulina: El que tocaba Schubert. (*Pausa breve*)

Gerardo: El que tocaba Schubert.

Paulina: Ese médico.
Gerardo: ¿Cómo lo sabes?
Paulina: Por la voz.
Gerardo: Pero si tú estabas... Me dijiste que pasaste
los dos meses...
Paulina: Con los ojos vendados, sí. Pero podía oír...
todo.
Gerardo: Estás enferma.
Paulina: No estoy enferma.
Gerardo: Estás enferma.
Paulina: Entonces estoy enferma. Pero puedo estar
enferma y reconocer una voz. Y además cuando
nos privan de una facultad, otras se agudizan a
modo de compensación. ¿O no, Doctor Miranda?
Gerardo: El recuerdo vago de una voz no es una
prueba de nada, Paulina.
Paulina: Es su voz. Se la reconocí apenas entró
anoche. Es su risa. Son sus modismos.
Gerardo: Pero eso no es...
Paulina: Puede ser un pocón, pero a mí me basta.
Todos estos años no ha pasado una hora que no
la escuche, acá en mi oreja, acá con su saliva en mi
oreja, ¿crees que una se olvida así como así de una
voz como ésa?
(*Imitando la voz de un hombre*)
"Dale más. Esta puta aguanta más. Dale más."
"¿Seguro, Doctor? No se nos vaya a morir la
huevona, oiga."
"Falta mucho para que se desmaye. Dale más
nomás."
Gerardo: Paulina, te pido que por favor guardes ese
revólver.
Paulina: No.

Gerardo: Mientras tú me estés apuntando, no hay conversación posible.

Paulina: Por el contrario, apenas te deje de apuntar, la conversación se acaba. Porque ahí tú usas tu fuerza física superior para imponer tu punto de vista.

Gerardo: Paulina, te advierto que lo que estás haciendo es muy grave.

Paulina: Irreparable, ¿eh?

Gerardo: Irreparable, sí, puede ser irreparable. Doctor Miranda, yo le ruego que nos disculpe... mi señora ha estado...

Paulina: No te atrevas. No te atrevas a pedirle perdón a esta mierda humana.

Gerardo: Desátalo, Pau.

Paulina: No.

Gerardo: Entonces lo voy a desatar yo. (*Va hacia él. De repente, Paulina dispara, hacia abajo. Ella misma se muestra sorprendida. Gerardo salta hacia atrás, lejos de Roberto que, a su vez, se muestra desesperado*) No dispares. Pau, no vuelvas a disparar. Dame esa arma. (*Silencio*) No puedes hacer esto.

Paulina: Hasta cuándo me dices lo que puedo y no puedo hacer, lo que puedo y no puedo. Lo hice.

Gerardo: ¿Se lo hiciste a este señor que la única falta que ha cometido... de lo único de que podrías acusarlo ante los tribunales...? (*A Paulina, le sale una risa entrecortada y despectiva*) Sí, los tribunales, por corruptos que sean, por venales y cobardes... lo único de que podrías acusarlo es de detenerse en un camino donde yo estaba abandonado, y traerme a casa y después ofrecerse para ir a buscar...

Paulina: Ah, se me olvidó decirte que la grúa va a llegar en cualquier momento. Aproveché para llamarlos del teléfono público de la carretera esta mañana cuando salí a esconder el auto de tu buen Samaritano. Así que vístete. Deben estar a punto de llegar.

Gerardo: Te ruego, Paulina, que seamos razonables, que actuemos...

Paulina: Tú serás razonable. A ti nunca te hicieron nada.

Gerardo: Me hicieron, claro que me hicieron, pero esto no es un concurso de horrores... no estamos compitiendo, carajo. Mira, aun si este hombre fuera el médico de que hablas, no lo es, no tiene por qué serlo, pero digamos que fuera... aun en ese caso, con qué derecho lo tienes de esta manera. Pero Paulina fíjese en lo que está haciendo, en las consecuencias de actuar de esta...

(*Se escucha el motor de una camioneta afuera. Paulina corre hasta la puerta, la abre y grita*)

Paulina: ¡Ya va, ya va! (*Cierra la puerta con llave y se dirige a Gerardo*) Vístete pronto, es la grúa. Afuera está el neumático. Y también bajé su gata.

Gerardo: Le estás robando la gata, ¿eh?

Paulina: Así podemos dejarle a mamá la nuestra.

(*Breve pausa*)

Gerardo: ¿No has pensado que podría dar aviso a la policía?

Paulina: No creo. Tienes demasiado confianza en tus poderes persuasivos. Y además tú sabes que si se asoma por acá la policía le meto un balazo en el cerebro a este doctor, ¿no? Lo sabes, ¿no? (*Pausa breve*) Y después me pego yo un tiro...

41

Gerardo: Paulineta linda... Paulineta linda. Estás...
irreconocible. ¿Cómo es posible que estés así?
Paulina: Explíquele a mi marido, Doctor Miranda,
qué me hizo usted para que yo estuviera tan...
loca.
Gerardo: ¿Me puedes decir de una vez qué es lo que
piensas hacer, Paulina?
Paulina: No yo. Los dos. Lo vamos a juzgar, Gerardo.
Vamos a juzgar al Doctor Miranda. Tú y yo. ¿O lo
va a hacer tu famosa Comisión Investigadora?

(*Bajan las luces*)

Fin del primer acto.

SEGUNDO ACTO

Escena 1

Pasado el mediodía.
Roberto todavía en la misma posición, Paulina de
espaldas a él mirando hacia el ventanal y el mar,
meciéndose lentamente mientras habla.
Paulina: Y cuando me soltaron... ¿sabe dónde fui?
Donde mis padres no podía... en ese tiempo yo
había roto relaciones con ellos, eran tan pro-
militares, a mi mamá la veía muy de vez en
cuando... Qué cosa, no, que le esté contando
todo esto a usted, como si fuera mi confesor.
Cuando hay cosas que nunca le conté a Gerardo,
ni a mi hermana, ni menos a mi mamá... mientras que a usted le puedo decir exactamente lo que
me pasa, lo que me pasaba por la cabeza cuando
me soltaron.

Esa noche estaba..., bueno, ¿para qué describir cómo estaba, doctor, si usted me inspeccionó a fondo antes de que me soltaran? Estamos bien, así, ¿no? Como un par de viejos tomando sol en un banco de la plaza. (*Roberto hace un gesto, como que quiere hablar o soltarse*) ¿Tiene hambre? No es para tanto. Tendrá que aguantarse hasta que vuelva Gerardo. (*Imitando la voz de un hombre*) "¿Tenís hambre? ¿Querís comer? Yo te voy a dar de comer, m'hijita rica, yo te voy a dar algo sustancioso y bien grande para que te olvidís del hambre." (*Su propia voz*) De Gerardo usted no sabe nada... Quiero decir que nunca supo. Yo nunca solté el nombre. Sus colegas. Me preguntaban: "Cómo una hembra así, con una raja tan rica, cómo vai a estar sin un hombre... Si alguien tiene que estar tirándosela, señorita. Díganos quién se la está tirando". Pero yo nunca solté el nombre de Gerardo. Lo que son las cosas. Si yo menciono a Gerardo, seguro que usted no comete el error garrafal de venir anoche a sonsacarle información. Para eso, vino, ¿no? Aunque la verdad verdad es que si yo menciono a Gerardo él no estaría nombrado a esa comisión investigadora sino que otro abogado estaría investigando su caso. Y yo iría a declarar a esa comisión y contaría que a Gerardo lo conocí asilando gente... metiéndolos a las embajadas, a eso me dediqué yo en los días después del golpe. Entonces yo estaba dispuesta a todo, increíble que no tuviera miedo a nada en ese tiempo. Pero en qué estaba yo... Ah, le estaba contando acerca de esa noche. Esa noche, igual que usted me puse a golpear en la puerta y cuando Gerardo finalmente me abrió, se veía un poco alterado, el pelo lo tenía... *(Se oye el sonido de un auto, que se detiene afuera. Después, una puerta de auto que se abre y se cierra. Paulina va a la mesa y toma el revólver en su mano. Entra Gerardo)* ¿Cómo te fue con el auto? Fue fácil parchar el...

Gerardo: Paulina. Me vas a escuchar.

Paulina: Claro que te voy a escuchar. ¿Acaso no te he escuchado siempre?

Gerardo: Siéntate. Quiero que te sientes y quiero que me escuches, que verdaderamente me escuches. *(Paulina se sienta)* Tú sabes que yo me he pasado la vida defendiendo el estado de derecho. Si algo me ha reventado del régimen militar...

Paulina: Diles fascistas, no más.

Gerardo: ¡No me interrumpas! Si algo me ha reventado de ellos es que acusaron a tantos hombres y mujeres, hicieron de juez y parte y acusadores y ejecutores y no les dieron a quienes condenaron la más mínima garantía, la posibilidad de defenderse. Aunque este hombre haya cometido los peores crímenes del Universo, tiene derecho a defenderse.

Paulina: Pero yo no le voy a negar ese derecho, Gerardo. Te voy a dar todo el tiempo del mundo para que consultes con tu cliente, a solas. Estaba esperando que llegaras tú para darle a esto un comienzo oficial. Puedes sacarle esa... *(Le hace un gesto a Gerardo. Mientras Gerardo le desata el pañuelo a Roberto, Paulina indica la grabadora)* Queda avisado que todo lo que diga va a quedar grabado acá.

Gerardo: Por Dios, Paulina, cállate de una vez. Deja hablar a...

(Pausa breve. paulina echa a andar la grabadora).

Roberto (carraspea, luego con voz ronca y baja): Agua.

Gerardo: ¿Qué?

Paulina: Quiere agua, Gerardo.

(Gerardo corre a llenar un vaso con agua y se lo trae a Roberto, dándoselo a beber. Se lo bebe entero)

Paulina: Rica el agua, ¿no? Mejor que tomarse su propio pichí, en todo caso.

Roberto: Señor Escobar. No tiene perdón este abuso. Realmente no tiene perdón de Dios.

Paulina: Momento. Momento. No diga ni una palabra más, doctor. Vamos a ver si está grabando.

(Toca unos botones y luego se escucha la voz de Roberto)

Voz de Roberto en la grabadora

Señor Escobar. No tiene perdón este abuso. Realmente no tiene perdón de Dios.

Voz de Paulina en la grabadora.

Momento. Momento. No diga una palabra más, doctor. Vamos a...

(Paulina para la grabadora)

Paulina: Bueno. Ya tenemos una declaración sobre el perdón. El Doctor Miranda opina que no tiene perdón, ni perdón de Dios, atar a alguien contra su voluntad por unas horas, dejar a esa persona sin habla por un par de horas. Estamos de acuerdo. ¿Algo más?

(Toca otro botón)

Roberto: Señora, yo no la conozco. No la he visto antes

en mi vida. Puedo sí decirle que usted está muy enferma. Pero usted, Señor Escobar, no está enfermo, señor. Usted es un abogado, un defensor de los derechos humanos, un opositor al gobierno militar, como lo he sido yo toda mi vida, usted es responsable de lo que hace y lo que debe hacer ahora es desatarme de inmediato. Quiero que sepa que cada minuto que pasa sin que usted me libere lo hace más y más cómplice y tendrá que pagar las consecuencias de...

Paulina (se le acerca con el revólver): ¿A quién está amenazando?

Roberto: Yo no estaba...

Paulina: Sí, está amenazando. Entendamos algo de una vez, doctor. Aquí se acabaron las amenazas. Allá afuera puede que manden ustedes todavía, pero aquí, por ahora, mando yo. ¿Se entiende? *(Pausa)*

Roberto: Tengo que ir al baño.

Paulina: ¿Mear o cagar?

Gerardo: ¡Paulina! Señor Miranda, nunca en su vida ella habló de esta...

Paulina: Vamos, Doctor, ¿cómo es la cosa? ¿Por adelante o por detrás?

Roberto: Parado.

Paulina: Desátalo, Gerardo. Yo lo llevo.

Gerardo: ¿Pero cómo lo vas a llevar tú? Lo llevo yo.

Paulina: Yo voy con él. No me mires así. No es la primera vez que va a sacar su cosa en mi presencia, Gerardo. Vamos, doctor, levántese. No quiero que se mee en mi alfombra.

(Gerardo suelta las amarras. Con lentitud y dolor,

Roberto va cojeando hacia el baño, con Paulina apun-
tándole. Después de unos instantes, se escucha el ruido
de la meada y luego el wáter. Mientras tanto, Gerardo
corta la grabadora y se pasea nerviosamente. Paulina
vuelve con Roberto)
Paulina: Amárralo. (*El lo hace*) Más fuerte, Gerardo.
Gerardo: Paulina, tengo que hablar contigo.
Paulina: ¿Y quién te lo está impidiendo?
Gerardo: A solas.
Paulina: No veo por qué tenemos que hablar a
  espaldas del Doctor Miranda. Ellos discutían
  todo en mi presencia...
Gerardo: Paulina linda, por favor. Te ruego que no
  seas tan difícil. Te quiero hablar donde nadie nos
  puede oír.
  (*Salen a la terraza. Durante la conversación de ellos,*
  Roberto va a ir tratando de zafarse de sus ataduras,
  lentamente lográndolo con las piernas)
Gerardo: Bueno. ¿Qué es lo que pretendes? ¿Qué
  pretendes, mujer, con esta locura?
Paulina: Ya te dije, juzgarlo.
Gerardo: Juzgarlo, juzgarlo... Pero ¿qué significa
  eso, juzgarlo? Nosotros no podemos usar los
  métodos de ellos. Nosotros somos diferentes.
  Buscar vengarse de esta...
Paulina: No es una venganza. Pienso darle todas las
  garantías que él no me dio a mí. Ni él ni ninguno
  de sus... colegas.
Gerardo: Ya ellos también los vas a traer hasta acá y los
  vas a amarrar y los vas a juzgar y...
Paulina: Para eso, tendría que disponer de sus nom-
  bres, ¿no?
Gerardo: ... y después los vas a...

Paulina: ¿Matarlos? ¿Matarlo a él? Como él no me
mató a mí, se me ocurre que no sería procedente
que...
Gerardo: Qué bueno saberlo, Paulina, porque si
piensas matarlo, me vas a tener que matar a mí
también. Te lo juro que vas a tener que...
Paulina: Pero cálmate. No tengo la menor intención
de matarlo. Y menos a ti... Claro que, para variar,
no me crees.
Gerardo: ¿Pero entonces qué vas a hacerle? Lo vas a
qué entonces, lo vas a... Y todo esto porque hace
quince años atrás a ti te...
Paulina: A mí me ... Qué cosa, Gerardo. Termina.
(*Breve pausa*) Nunca quisiste decirlo. Dilo ahora.
A mí me...
Gerardo: Si tú no quisiste decirlo, ¿cómo iba a hacerlo
yo?
Paulina: Dilo ahora.
Gerardo: Sólo sé lo que me dijiste esa primera noche...
cuando...
Paulina: Dilo. A mí me...
Gerardo: A ti te...
Paulina: A mí me...
Gerardo: Te torturaron. Ahora dilo tú.
Paulina: Me torturaron. ¿Y qué más? (*Pausa breve*)
¿Qué más me hicieron, Gerardo? (*Gerardo va hacia
ella, la toma en brazos*)
Gerardo (susurrándole): Te violaron.
Paulina: ¿Cuántas veces?
Gerardo: Muchas.
Paulina: ¿Cuántas?
Gerardo: Nunca me dijiste. Perdí la cuenta, dijiste.
Paulina: No es cierto.

Gerardo: ¿Qué es lo que no es cierto?

Paulina: Que hubiese perdido la cuenta. Sé exactamente cuántas veces. (*Pausa breve*). Y esa noche, Gerardo, cuando... empecé a contarte, ¿qué juraste hacer? ¿Te acuerdas qué juraste hacer con ellos si los encontrabas? (*Silencio*). Dijiste: "Algún día, mi amor, vamos a juzgar a todos estos hijos de puta. Vas a poder pasear tus ojos"... —recuerdo exactamente esa frase, me pareció, como poética— "pasear tus ojos por la cara de cada uno de ellos mientras escuchan tus acusaciones. Te lo juro". Dime a quién recurro ahora, mi amor.

Gerardo: Fue hace quince años.

Paulina: ¿Ante quién acuso a este médico, ante quién, Gerardo? ¿Ante tu Comisión?

Gerardo: Mi Comisión. ¿De qué Comisión me estás hablando? Con tus locuras, vas a terminar imposibilitando todo el trabajo de investigación que pretendíamos. Voy a tener que renunciar a ella.

Paulina: Siempre tan melodramático. Supongo que no irás a usar ese tono de melodrama cuando hables a nombre de la Comisión.

Gerardo: ¿Pero eres sorda? Te acabo de decir que voy a tener que renunciar.

Paulina: No veo por qué.

Gerardo: Tú no ves por qué, pero todo el resto del país va a ver por qué y especialmente los que no quieren que se investigue nada van a ver por qué. Uno de los miembros de la Comisión Presidencial a cargo de investigar la violencia de estos años y que tiene que dar muestras de moderación y ecuanimidad...

Paulina: ¡Nos vamos a morir de tanta ecuanimidad!

50

Gerardo: Y objetividad, que uno de sus miembros haya permitido que secuestren, amarren y atormenten en su casa a un ser humano indefenso... Tú sabes cómo los diarios que sirvieron a la dictadura me van a crucificar, van a usar este episodio para menoscabar y quizás terminar con la Comisión. (*Pausa breve*) ¿Quieres que esos tipos vuelvan al poder otra vez? ¿Quieres que tengan tanto miedo de que vuelvan para sentirse seguros de que no los vamos a lastimar? ¿Eso quieres? ¿Que vuelvan los tiempos en que esos tipos decidían nuestra vida y nuestra muerte? Suéltalo, Paulina. Pídele disculpas y suéltalo. Es un hombre —parece por lo que hablé con él—, es un hombre democrático que...

Paulina: Ay, m'hijito, por favor, cómo te meten el dedo en la boca... Mira. No quiero hacerte daño y menos quiero hacerle daño a la Comisión. Pero ustedes en la Comisión se entienden sólo con los muertos, con los que no pueden hablar. Y resulta que yo sí puedo, hace años que no hablo ni una palabra, que no digo ni así de lo que pienso, que vivo aterrorizada de mi propia... pero no estoy muerta, pensé que estaba enteramente muerta pero estoy viva y sí que tengo algo que decir... así que déjame hacer lo mío y tú sigue tranquilo con la Comisión. Yo te puedo prometer que este enjuiciamiento no les va a afectar, nada de esto se va a saber.

Gerardo: No se va a saber siempre que este señor se desista de hacer declaraciones cuando lo sueltes. Si es que lo sueltas. Y aun en ese caso, yo tengo que renunciar de todas maneras, y mientras antes, mejor.

Paulina: ¿Tienes que renunciar aunque no se sepa?

Gerardo: Sí.

(*Pausa*)

Paulina: Por la loca de tu mujer, que antes era loca porque no podía hablar y ahora es loca porque puede hablar, ¿por eso tienes que...?

Gerardo: Entre otras cosas, sí, si tanto te interesa la verdad.

Paulina: La verdad verdad, ¿eh? (*Pausa breve*) Espérate un momento.

(*Va a la otra pieza y encuentra a Roberto a punto de zafarse. Apenas la ve, él se paraliza. Paulina lo vuelve a atar, mientras imposta la voz*)

"¿Que no te gusta nuestra hospitalidad? ¿Querís irte tan pronto, huevona? Afuera no vai a gozar como habís gozado acá con tu negro. ¿Me vai a echar de menos?"

(*Paulina empieza lentamente a recorrer el cuerpo de Roberto, con sus manos, casi como haciéndole cariños. Se levanta asqueada, casi vomitando. Vuelve a la terraza*)

Paulina: No sólo le reconozco la voz, Gerardo. (*Pausa breve*) También le reconozco la piel. El olor. Le reconozco la piel. (*Pausa*) Y si yo pudiera probarte sin lugar a dudas de que este doctor tuyo es culpable... de todas maneras ¿quieres que lo suelte?

Gerardo: Sí. (*Pequeña pausa*) Con más razón si es culpable. No me mires así. Imagínate que todos actuaran como lo haces tú. Tú satisfaces tu propia obsesión, castigas por tu cuenta, te quedas tranquila mientras los demás se van a la... todo el proceso, la democracia, se va a ir a la mierda...

Paulina: ¡Nada se va a la mierda! ¡No se va a saber!

Gerardo: La única manera de garantizar eso es que lo mates y ahí la que se va a ir a la mierda eres tú y yo contigo. Suéltalo, Paulina, por el bien del país, por el bien nuestro.

Paulina: ¿Y el bien mío? Mírame... Mírame.

Gerardo: Mírate, ay amor, mírate. Te quedaste presa de ellos, todavía estás presa en ese sótano en que te tenían. Durante quince años no has hecho nada con tu vida. Nada. Mírate, tenemos la oportunidad de comenzar de nuevo, de respirar. ¿No es hora de que...?

Paulina: ¿Olvide? Me estás pidiendo que olvide.

Gerardo: Que te liberes de ellos, Paulina, eso es lo que te estoy pidiendo.

Paulina: ¿Y a él lo dejamos libre para que vuelva en unos años?

Gerardo: Lo dejamos libre para que no vuelva nunca más.

Paulina: Y lo vemos en el Tavelli y le sonreímos y él nos presenta a su señora y le sonreímos y comentamos lo lindo que está el día y...

Gerardo: No tienes para qué sonreírle, pero sí, de eso se trata. Empezar a vivir, sí.

(*Pausa breve*)

Paulina: Mira, Gerardo, qué te parece un compromiso.

Gerardo: No sé de qué estás hablando.

Paulina: Un compromiso, una negociación. ¿No es así como se ha hecho esta transición? ¿A nosotros nos dejan tener democracia, pero ellos se quedan con el control de la economía y las fuerzas armadas? ¿La Comisión puede investigar crímenes pero los criminales no reciben castigo? ¿Hay libertad para hablar de todo siempre que no se hable todo? (*Pausa breve*) Para que veas que no soy tan irresponsable ni tan... enferma, te propongo que lleguemos a un acuerdo. Tú quieres que yo a este tipo lo suelte sin hacerlo daño, y yo lo que quiero... ¿te gustaría saber lo que quiero yo?

Gerardo: Me encantaría saberlo.

Paulina: Cuando escuché su voz anoche, lo primero que pensé, lo que he estado pensando todos estos años, cuando tú me pillabas con una mirada que me decías que era... abstracta, decías, ida, ¿no? ¿Sabes en lo que pensaba? En hacerle a ellos lo que me hicieron a mí, minuciosamente. Especialmente a él, al médico... Porque los otros eran tan vulgares, tan... pero él ponía Schubert, él me hablaba de cosas científicas, hasta me citó a Nietzsche una vez.

Gerardo: Nietzsche.

Paulina: Me horrorizaba de mí misma... pero era la única manera de conciliar el sueño, de salir contigo a una cena en que me preguntaba siempre si alguno de los presentes no sería... quizá no la exacta persona que me... torturó, pero... y yo, para no volverme loca y poder hacer la sonrisa de Tavelli que me dices que tengo que seguir haciendo, bueno, iba imaginándome meterles la cabeza en un balde con sus propios orines o pensaba en la electricidad, o cuando hacemos el amor y a mí me estaba a punto de dar el orgasmo,

era inevitable que pensara en... y entonces yo
tenía que simularlo, simularlo, para que tú no te
sintieras...

Gerardo: Ay, mi amor, mi amor.

Paulina: Así que cuando escuché su voz, pensé lo
único que yo quiero es que lo violen, que se lo
tiren, eso es lo que pensé, que sepa aunque sea
una vez lo que es estar... *(Pausa breve)* Y que como
yo no iba a poder hacerlo... pensé que ibas a
tener que hacerlo tú.

Gerardo: No sigas, Paulina.

Paulina: Enseguida me dije que sería difícil que tú
colaboraras.

Gerardo: No sigas, Paulina.

Paulina: Así que me pregunté si no podía utilizar una
escoba... Sí, Gerardo, un palo de escoba. Pero
me di cuenta de que no quería algo tan... físico,
y ¿sabes a qué conclusión llegué, qué es lo único
que quiero? *(Pausa breve)* Que confiese. Que se
siente a la grabadora y cuente todo lo que hizo,
no sólo conmigo, todo, todo... y después lo
escriba de su puño y letra y lo firme y yo me
guardo una copia para siempre... con pelos y
señales, con nombres y apellidos. Eso es lo que
quiero. *(Pausa breve)*

Gerardo: El confiesa y tú lo sueltas.

Paulina: Yo lo suelto.

Gerardo: ¿Y no necesitas nada más que eso?

Paulina: Nada más. *(Gerardo no contesta durante una
pausa breve)* Así podrás seguir en la Comisión.
Teniendo su confesión, estamos a salvo, él no se
atreverá a mandar a uno de sus matones a...

Gerardo: ¿Y tú esperas que yo te crea que lo vas a

soltar después que confiese? ¿Y esperas que te crea él?

Paulina: No veo que ninguno de los dos tenga otra alternativa. Mira, Gerardo, a gente de esta calaña hay que darle miedo. Dile que estoy preparándome para matarlo. Dile que por eso escondí el auto. Que la única manera de disuadirme es que confiese. Dile eso. Dile que nadie sabe que él vino acá anoche, que nadie va a poder encontrarlo jamás. A ver si con eso lo convences.

Gerardo: ¿Que yo lo convenza?

Paulina: Creo que es una tarea más grata que tener que tirárselo, ¿no?

Gerardo: Hay un solo problema, Paulina. ¿Qué pasa si no tiene nada que confesar?

Paulina: Si no confiesa, lo voy a matar. Dile que sí no confiesa, lo voy a matar.

Gerardo: Pero ¿qué pasa si no es culpable?

Paulina: No tengo apuro. Dile que yo lo puedo tener aquí durante meses. Hasta que confiese.

Gerardo: Paulina, me estas escuchando. ¿Qué puede confesar si no es culpable?

Paulina: ¿Si no es culpable? *(Pausa breve)* Ahí sí que se jodió. *(Bajan las luces)*

NOTA: *Si el director siente que la obra necesita un intermedio (dividiéndose en dos partes o actos), éste es el lugar más adecuado para que haya ese intermedio.*

Escena 2

La hora del almuerzo.
Están sentados Gerardo y Roberto, todavía atado pero con las manos por delante, frente a frente, en la mesa del living. Gerardo está sirviendo unos platos de sopa caliente. Paulina se encuentra instalada lejos de ellos en la terraza frente al mar. Ella puede ver pero no oírlos. Roberto y Gerardo se quedan unos instantes mirando la comida. (Silencio)
Gerardo: ¿Tiene hambre, Doctor Miranda?
Roberto: Por favor, trátame de tú.
Gerardo: Prefiero tratarlo de usted, como si fuera mi cliente. Va a facilitar mi tarea. Creo que debería comer algo.
Roberto: No tengo hambre.
Gerardo: Déjeme que le ayude… *(Llena una cuchara*

con sopa. Lo alimenta con la cuchara, como a un bebé.
Va sirviéndolo, durante la conversación que sigue, y
también sirviéndose él de su plato)

Roberto: Está loca. Perdone, Gerardo, pero su señora...

Gerardo: ¿Pan?

Roberto: No, gracias. *(Pausa breve)* Debería buscar
tratamiento psiquiátrico para...

Gerardo: Para ponerlo de una manera brutal, Doctor,
usted viene a ser su terapia. *(Le va limpiando la*
boca a Roberto con una servilleta)

Roberto: Me va a matar.

Gerardo *(sigue alimentándolo):* A menos que usted
confiese, lo va a matar.

Roberto: Pero qué es lo que voy a confesar, qué voy a
poder confesar si yo...

Gerardo: No sé, Doctor Miranda, si está informado de
que los servicios de inteligencia del régimen
anterior contaron con la colaboración de médicos para sus sesiones de tortura...

Roberto: El Colegio Médico se impuso de esas situaciones, y fueron denunciadas y, hasta dónde se
pudo, investigadas.

Gerardo: A ella se le ha metido en la cabeza que usted
es uno de esos médicos. Si usted no tiene cómo
desmentirlo...

Roberto: Desmentirlo, ¿cómo? Tendría que cambiar
mi voz, probar que ésta no es mi voz... Si lo único
que me condena es la voz, no hay otra prueba, no
hay nada que...

Gerardo: Y su piel. Ella habla de su piel.

Roberto: ¿Mi piel?

Gerardo: Y su olor.

Roberto: Son fantasías de una mujer enferma. Cualquier hombre que hubiese entrado por esa puerta...

Gerardo: Desafortunadamente, entró usted.

Roberto: Mire, Gerardo, yo soy un hombre tranquilo. Lo que me gusta es quedarme en mi hogar, o venir a mi casa en la playa, no molestar a nadie, sentarme frente al mar, leer un buen libro, escuchar música...

Gerardo: ¿Schubert?

Roberto: Schubert, no tengo por qué avergonzarme. También me gusta Vivaldi, y Mozart, y Telemann. Y tuve la pésima ocurrencia de traer "La Muerte y la Doncella" a la playa. Mira, Gerardo, yo estoy metido en esto sólo porque me diste pena abandonado ahí en la carretera moviendo los brazos como loco... mira, a ti te toca sacarme de aquí.

Gerardo: Lo sé.

Roberto: Me duelen los tobillos, las manos, la espalda. No podrías...

Gerardo: Roberto... yo quiero ser franco contigo. Hay un solo modo de salvarte. (*Pausa breve*) A mi mujer hay que... darle en el gusto.

Roberto: ¿Darle en el gusto?

Gerardo: Consentirla, que ella sienta que estamos, que tú estás dispuesto a colaborarle, a ayudar.

Roberto: No veo cómo podría yo colaborarle, dadas las condiciones en que me...

Gerardo: Darle en el gusto, que ella crea que tú...

Roberto: Que yo...

Gerardo: Ella me ha prometido que basta con una... confesión tuya.

Roberto: ¡No tengo nada que confesar!

Gerardo: Tendrás que inventar algo entonces, porque no va a perdonarte si no...

Roberto (alza la voz, indignado): No tiene nada que perdonarme. Yo no hice nada y no voy a confesar nada ni colaborar en nada. En nada, entiendes. (*Al escuchar la voz de Roberto, Paulina se levanta de su sitio y empieza a dirigirse hacia los dos hombres*) En vez de estar proponiéndome estas soluciones absurdas, deberías estar convenciendo a la loca de tu mujer de que no siga con este comportamiento criminal. Si sigue así va a arruinar tu carrera brillante y ella misma va a terminar en la cárcel o el manicomio. Díselo. ¿O acaso eres incapaz de poner orden en tu propio hogar?

Gerardo: Roberto, yo...

Roberto: Esto ya ha llegado a límites intolerables...

(*Entra Paulina desde la terraza*)

Paulina: ¿Algún problema, mi amor?

Gerardo: Ninguno.

Paulina: Los vi un pocón... alterados. (*Pausa breve*) Veo que terminaron la sopa. No se puede decir que no sé cocinar, ¿no? ¿Cumplir mis funciones domésticas? ¿Quieren un cafecito? Aunque creo que el Doctor no toma café. Le estoy hablando, Doctor... ¿acaso su madre nunca le enseñó modales?

Roberto: A mi madre no la meta en esto. Le prohíbo que mencione a mi madre.

(*Pausa breve*)

Paulina: Tiene toda la razón. Su madre no tiene nada que ver en todo esto. No sé por qué los hombres insisten en insultar a la madre de alguien, concha de su madre, dicen, en vez de decir...

Gerardo: Paulina, te ruego que por favor vuelvas a salir para que yo pueda seguir mi conversación con el Doctor Miranda.

Paulina: Claro que sí. Los dejo solitos para que arreglen el mundo.

(*Paulina comienza a salir. Se da vuelta*)

Paulina: Ah, si él quiere mear, me avisas, ¿eh, mi amor...?

(*Sale al mismo sitio que ocupó antes*)

Roberto: Está realmente loca.

Gerardo: A los locos con poder hay que consentirlos, Doctor. Y en su caso, lo que ella necesita es una confesión suya para...

Roberto: ¿Pero para qué?, ¿para qué le puede servir a ella una...?

Gerardo: Yo creo que entiendo esa necesidad suya porque es una necesidad que tiene el país entero. De eso hablábamos anoche. La necesidad de poner en palabras lo que nos pasó.

Roberto: ¿Y tú?

Gerardo: ¿Y yo qué?

Roberto: ¿Y tú qué vas a hacer después?

Gerardo: ¿Después de qué?

Roberto: ¿Tú le crees, no es cierto? ¿Tú crees que yo soy culpable?

Gerardo: ¿Si yo te creyera culpable, estaría yo acá tratando de salvarte?

Roberto: Estás confabulado con ella. Desde el principio. Ella es la mala y tú haces de bueno.

Gerardo: ¿Qué quieres decir con eso de...?

Roberto: Repartiéndose los roles, en el interrogatorio, ella la mala, tú el bueno. Y después el que me va a matar eres tú, es lo que haría cualquier hombre bien nacido, al que le hubieran violado la mujer, es lo que haría yo si me hubieran violado a mi mujer... así que dejémonos de farsas. Te cortaría las huevas. (*Pausa. Gerardo se levanta*) ¿Dónde vas? ¿Qué vas a hacer?

Gerardo: Voy a buscar el revólver y te voy a pegar un tiro. (*Pausa breve. Cada vez más enojado:*) Pero pensándolo bien, voy a seguir tu consejo y te voy a cortar las huevas, fascista desgraciado. Eso es lo que hacen los verdaderos machos ¿no? Los hombres de verdad verdad le meten un balazo al que los insultan y se violan a las mujeres cuando están atadas a un catre, ¿no? No como yo. Yo soy un pobre abogado maricón amarillo que defiende al hijo de puta que hizo mierda a mi mujer... ¿Cuántas veces, hijo de puta? ¿Cuántas veces te la culeaste?

Roberto: Gerardo, yo...

Gerardo: Nada de Gerardo acá... ojo por ojo, acá, diente por diente acá... ¿No es ésa nuestra filosofía?

Roberto: Era una broma, era sólo...

Gerardo: Pero ¿para qué ensuciarme las manos con un maricón como vos... cuando hay alguien que te tiene muchas más ganas que yo? La llamo ahora mismo, que ella se dé el placer de volarte los sesos de un balazo.

Roberto: No la llames.

Gerardo: Estoy cansado de estar en el medio, entre los dos. Arréglatelas tú con ella, convéncela tú.

Roberto: Gerardo, tengo miedo.

(*Pausa breve*)

Gerardo (se da vuelta y cambia de tono): Yo también tengo miedo.

Roberto: No dejes que me mate. (*Pausa breve*) ¿Qué le vas a decir?

Gerardo: La verdad. Que no quieres colaborar.

Roberto: Necesito saber qué hice, no te das cuenta de que no sé qué tengo que confesar.
Lo que yo le diga tendría que coincidir con su experiencia. Si yo fuera ese hombre, sabría todo, todo, pero como no sé nada... Si me equivoco, capaz de que ella me... necesitaría tu ayuda, necesitaría que tú me... que me contaras lo que ella espera...

Gerardo: ¿Te das cuenta que me estás pidiendo que engañe a mi mujer?

Roberto: Le estoy pidiendo que salve la vida de un hombre inocente, Señor Escobar. (*Pausa breve*) ¿Usted me cree, no es cierto? Sabe que yo soy inocente, ¿no?

Gerardo: ¿Tanto le importa lo que yo piense?

Roberto: ¿Cómo no me va a importar? Usted es la sociedad, no ella. Usted es la Comisión Presidencial, no ella.

Gerardo (meditativo, apesadumbrado): Ella no, claro... ¿Qué importa lo que piense ella, no?
(*Se levanta bruscamente y empieza a retirarse*)

Roberto: ¿Dónde va? ¿Qué le va a decir?

Gerardo: Le voy a decir que tienes que mear.
(*Bajan las luces*)

Fin del segundo acto.

TERCER ACTO

Escena 1

Está atardeciendo. Gerardo y Paulina están afuera, en la terraza frente al mar. Gerardo tiene una grabadora. Roberto adentro, atado.

Paulina: No entiendo por qué.

Gerardo: Necesito saber.

Paulina: ¿Por qué?

(Pausa breve)

Gerardo: Te quiero, Paulina. Necesito saberlo de tus labios. No es justo que después de tantos años quien me lo diga sea él. No sería... tolerable.

Paulina: En cambio si yo te lo digo ¿es... tolerable?

Gerardo: Más tolerable que si me lo dice primero él.

Paulina: Ya te lo conté una vez, Gerardo. ¿No te bastó?

Gerardo: Hace quince años me empezaste a contar y después...

Paulina: No te iba a seguir contando frente a esa puta, ¿no? Apareció esa puta, saliendo de tu dormitorio medio desnuda pregúntandote que por qué estabas tardando tanto, no iba a...

Gerardo: No era puta.

Paulina: ¿Sabía ella dónde estaba yo? (*Pausa breve*) Sabía, claro que sabía. Una puta. Acostarse con un hombre cuando su mujer no estaba precisamente en condiciones de defenderse, ¿no?

Gerardo: No vamos a empezar con esto de nuevo, Paulina.

Paulina: Tú empezaste.

Gerardo: Cuántas veces te lo tengo que... Llevaba dos meses tratando de ubicarte. Ella pasó a verme, dijo que podía ayudar. Nos tomamos unos tragos y... por Dios, yo también soy humano.

Paulina: Mientras yo te defendí, mientras tu nombre no salió de mi boca. Pregúntale, pregúntale a Miranda si yo siquiera te mencioné una vez, mientras que tú...

Gerardo: Ya me perdonaste, ya me perdonaste, ¡hasta cuando! Nos vamos a morir de tanto pasado, nos vamos a sofocar de tanto dolor y recriminación. Terminemos la conversación que interrumpimos hace quince años, cerremos este capítulo de una vez por todas, terminémosla de una vez y no volvamos a hablar de esto nunca más.

Paulina: Borrón y cuenta nueva, ¿eh?

Gerardo: Borrón no, cuenta nueva sí. ¿O vamos a estar pagando una y otra y otra vez la misma cuenta? Hay que vivir, gatita, vivir, hay tanto futuro que nos...

Paulina: ¿Y qué querías? ¿Qué te hablara frente a ella? ¿Qué te dijera, me violaron, pero yo no dije tu nombre, frente a ella, que yo te lo...? ¿Cuántas veces?

Gerardo: ¿Cuántas veces qué?

Paulina: ¿Cuántas veces le hiciste el amor? ¿Cuántas?

Gerardo: Paulina...

Paulina: ¿Cuántas?

Gerardo: Mi amor.

Paulina: ¿Cuántas? Yo te cuento, tú me cuentas.

Gerardo (desesperado, sacudiéndola y después abrazándola): Paulina, Paulina, Paulina. ¿Me quieres destruir? ¿Eso quieres?

Paulina: No.

Gerardo: Lo vas a conseguir. Lo vas a conseguir y vas a quedarte sola en un mundo en que yo no exista, en que no me vas a tener más. ¿Eso es lo que quieres?

Paulina: Quiero saber cuántas veces hiciste el amor con esa puta.

Gerardo: No sigas, Paulina. No digas ni una palabra más.

Paulina: La habías visto antes, ¿no? No fue ésa la primera noche. Gerardo, la verdad, necesito saber la verdad.

Gerardo: ¿Aunque nos destruya?

Paulina: Tú me cuentas, yo te cuento. ¿Cuántas veces, Gerardo?

Gerardo: Dos veces.

Paulina: Esa noche. ¿Y antes?

Gerardo (muy bajo): Tres.

Paulina: ¿Qué?

Gerardo (más fuerte): Tres veces antes.

Paulina: ¿Tanto te gustó? (*Pausa*) Y a ella le gustó, ¿no? Le tiene que haber gustado si volvió...

Gerardo: ¿Te das cuenta de lo que me estás haciendo, Paulina?

Paulina: ¿Irreparable?

Gerardo (desesperado): ¿Pero qué más quieres? ¿Qué más quieres de mí? Sobrevivimos la dictadura, la sobrevivimos, y ahora ¿nos vamos a destruir, vamos a hacernos tú y yo lo que estos desgraciados fueron incapaces de hacernos?

Paulina: No.

Gerardo: ¿Quieres que me vaya? ¿Eso quieres? ¿Qué salga por esa puerta y no vuelva nunca más?

Paulina: No.

Gerardo: Lo vas a conseguir. Uno también se puede morir de demasiada verdad. (*Pausa*) ¿Me quieres destruir? Me tienes en tus manos como si fuera un bebé, indefenso, en tus manos, desnudo. ¿Me quieres destruir? ¿Me vas a tratar como tratas al hombre que te...?

Paulina: No.

Gerardo: ¿Me quieres...?

Paulina (susurrando): Te quiero vivo. Te quiero adentro mío, vivo. Te quiero haciéndome el amor y te quiero en la Comisión defendiendo la verdad y te quiero en mi Schubert que voy a recuperar y te quiero adoptando un niño conmigo...

Gerardo: Sí, Paulina, sí, mi amor.

Paulina: Y te quiero cuidar minuto a minuto como tú me cuidaste a mí a partir de esa...

Gerardo: Nunca vuelvas a mencionar a esa puta noche. Si sigues y sigues con esa noche, me vas a destruir, Paulina. ¿Eso quieres?

Paulina: No.

Gerardo: ¿Me vas a contar entonces?

Paulina: Sí.

Gerardo: ¿Todo?

Paulina: Todo. Te lo voy a contar todo.

Gerardo: Así... así vamos a salir adelante... Sin escondernos nada, juntos, como hemos estado estos años, así, ¿sin odio? ¿No es cierto?

Paulina: Sí.

Gerardo: ¿No te importa que te ponga la grabadora?

Paulina: Pónmela.

(*Gerardo pone la grabadora*)

Gerardo: Como si estuvieras frente a la Comisión.

Paulina: No sé cómo empezar.

Gerardo: Empieza con tu nombre.

Paulina: Me llamo Paulina Salas. Ahora estoy casada con el abogado don Gerardo Escobar pero en ese tiempo...

Gerardo: Fecha...

Paulina: El 6 de abril de 1975, yo era soltera. Iba por la calle San Antonio...

Gerardo: Lo más preciso que puedas...

Paulina: A la altura de Huérfanos, cuando escuché detrás mío un... tres hombres se bajaron de un auto, me encañonaron, si habla una palabra le volamos la cabeza, señorita, uno de ellos me escupió las palabras en el oído. Tenía olor a ajo. No me sorprendió que tuviera ese olor sino que a mí me importara, que me fijara en eso, que pensara en el almuerzo que él acababa de comerse, que estaba digiriendo con todos los órganos que yo había estudiado en mi carrera en Medicina. Después me reproché a mí misma,

tuve mucho tiempo en realidad para pensarlo, yo
sabía que en esas circunstancias había que gritar,
que la gente supiera que me agarraron, gritar mi
nombre, soy Paulina Salas, me están secuestran-
do, que si uno no pega ese grito en ese primer
momento ya te derrotaron, y yo agaché el moño,
me entregué a ellos sin protestar, me puse a
obedecerlos demasiado pronto. Siempre fui demasiado obediente toda mi vida.
(*Empiezan a bajar las luces*)
El Doctor no estaba entre ellos.
Con el Doctor Miranda me tocó por primera vez
tres días más tarde cuando... Ahí lo conocí.
(*Bajan más las luces y la voz de Paulina sigue en la
oscuridad*)
Al principio, yo pensé que él podía salvarme. Era
tan suave, tan buena gente, después de lo que me
habían hecho los otros. Y entonces escuché, de
repente, el cuarteto de Schubert.
(*Se empieza a escuchar el segundo movimiento de "La
Muerte y la Doncella"*)
No saben lo que es, escuchar esa música maravi-
llosa en aquella oscuridad, cuando hace tres días
que no comes, cuando tienes el cuerpo hecho
tira, cuando...
(*Se escucha en la oscuridad la voz de Roberto*)
Voz de Roberto
Ponía música porque eso ayudaba al rol que me
tocaba hacer, el rol del bueno, que le dicen, ponía
Schubert para que me tomaran confianza. Pero
también porque era un modo de aliviarles el sufrimiento. Tienen que creerme que yo pensé que era
un modo de aliviarles el sufrimiento a los detenidos.

No sólo la música, sino que todo lo que yo hacía. Así me lo propusieron a mí cuando comencé.
(*Suben las luces como si fuera la luna la que ilumina. Es de noche. Está Roberto frente a la grabadora confesándose. Ya no se escucha el Schubert*)
Roberto: Los detenidos se les estaban muriendo, necesitaban a alguien que los atendiera, alguien que fuera de confianza. Yo tengo un hermano, miembro de los servicios de seguridad. Tienes la oportunidad de pagarle a los comunistas lo que le hicieron a papá, me dijo una noche —a mi papá le había dado un infarto cuando le tomaron el fundo en Las Toltecas. Quedó paralítico-mudo, con los ojos me interrogaba, como preguntándome qué había hecho yo para vengarlo. Pero no fue por eso que yo acepté. Fue por razones humanitarias. Estamos en guerra, pensé, ellos me quieren matar a mí y a los míos, ellos quieren instalar acá una dictadura totalitaria, pero de todos modos tienen derecho a que algún médico los atienda. Fue de a pocón, casi sin saber cómo, que me fueron metiendo en cosas más delicadas, me hicieron llegar a unas sesiones donde mi tarea era determinar si los detenidos podían aguantar la tortura, especialmente la corriente. Al principio me dije que con eso les estaba salvando la vida y es cierto, puesto que muchas veces les dije, sin que fuera así, que si seguían se les iban a morir, pero después empecé a… poco a poco, la virtud se fue convirtiendo en algo diferente, algo excitante… y la máscara de la virtud se me fue cayendo y la excitación me escondió, me escondió, me escondió lo que esta-

71

ba haciendo, el pantano de lo que estaba... y cuando me tocó atender a Paulina Salas ya era demasiado tarde. Demasiado tarde...
(*Empiezan a bajar las luces*)
...Demasiado tarde. Empecé a brutalizarme, me empezó a gustar de verdad verdad. Se convierte en un juego. Te asalta una curiosidad entre morbosa y científica. ¿Cuánto aguantará ésta? ¿Aguantará más que la otra? ¿Cómo tendrá el sexo? ¿Tendrá seco el sexo? ¿Es capaz de tener un orgasmo en estas condiciones? Puedes hacer lo que quieras con ella, está enteramente bajo tu poder, puedes llevar a cabo todas las fantasías,
(*Bajan más las luces y sigue la voz de Roberto en la semioscuridad, con la luz de la luna sobre la grabadora*)
Todo lo que te han prohibido desde siempre, todo lo que tu madre te susurraba que nunca hicieras, empiezas a soñar con ella, con ellas de noche. Vamos, doctor, me decían, no va a rehusar carne gratis, ¿no? Eso me lo decía un tipo que llamaban... el Fanta se llamaba, nunca supe su nombre verdadero. Les gusta, Doctor... si a todas estas putas les gusta y si además usted le pone esa musiquita tan bonita que les pone, seguro que se le acurrucan más todavía. Esto me lo decía frente a las mujeres, frente a Paulina Salas me lo dijo, y yo finalmente, y yo finalmente... pero nunca se me murió ninguna...
(*Vuelven a subir las luces y está amaneciendo. Roberto, desamarrado, escribe en una hoja de papel las palabras que salen de su voz desde la grabadora, mientras Gerardo y Paulina escuchan. Frente a él hay un montón de hojas escritas*)

72

Voz de Roberto (*desde la grabadora*): Nunca se murió ni una de las mujeres, ni uno de los hombres a los que me tocó... asesorar. Fueron, en total, cerca de 94 los presos a los que atendí, además de Paulina Salas. Es todo lo que puedo decir. Pido que se me perdone.

(*Gerardo corta la grabadora, mientras Roberto escribe*)

Roberto: Que se me perdone...

(*Gerardo pone de nuevo la grabadora*)

Voz de Roberto: Y que esta confesión sirva de prueba de mi arrepentimiento y que tal como el país se está reconciliando en paz (*Gerardo corta la grabadora*).

Gerardo: Tal como el país se está reconciliando en paz. ¿Lo escribió?

(*Gerardo vuelve a poner la grabadora*)

Voz de Roberto: ...Se me permita vivir el resto de mis días... con mi terrible secreto. No puede haber peor castigo que el que me impone la voz de mi conciencia.

(*Gerardo corta la grabadora*)

Roberto (*mientras escribe*): ...castigo... conciencia.

(*Gerardo corta la grabadora. Hay un momento de silencio*) ¿Y ahora? ¿Quiere que firme?

Paulina: Ponga ahí que esto lo escribe de su propia voluntad, sin presiones de ninguna especie.

Roberto: Eso no es cierto.

Paulina: ¿Quiere que lo presione de verdad, Doctor?

(*Roberto escribe un par de frases más, se las muestra a Gerardo, que mueve la cabeza afirmativamente*)

Paulina: Ahora puede firmar.

(*Roberto lo firma. Paulina mira la firma, recoge los papeles, saca la cassette de la grabadora, pone otra cassette, aprieta un botón, escucha la voz de Roberto*)

Voz de Roberto: Ponía música porque eso ayudaba al rol que me tocaba hacer, el rol del bueno, que le dicen, ponía Schubert para que me tomaran confianza. Pero también porque era un modo de aliviarles el sufrimiento.

Gerardo: Por favor, Paulina. Basta.

Voz de Roberto: Tienen que creerme que yo pensé que era un modo de aliviarles el sufrimiento a los detenidos. No sólo la música, sino que todo lo que yo hacía.

Gerardo (aprieta un botón, interrumpiendo la voz de Roberto en la cassette-grabadora): Este asunto está terminado.

Paulina: Casi terminado, sí.

Gerardo: No te parece que sería hora...

Paulina: Tienes toda la razón. Tenemos un acuerdo. (*Paulina va hasta la ventana y se queda un rato mirando las olas, respirando profundamente*) Y pensar que me pasaba horas así, al amanecer, tratando de distinguir, tan tan lentamente las cosas que la marea había dejado atrás durante la noche, mirándolas y preguntándome qué serían, si iban a ser arrastradas de nuevo por el mar. Y ahora... Y ahora... Tan generosos que son los amaneceres en el mar después de una tormenta, tan libres que son las olas cuando...

Gerardo: ¡Paulina!

Paulina (dándose vuelta): Cierto. Me alegra ver que sigues siendo un hombre de principios. Pensé, ahora que sabes que de veras es culpable, pensé que yo iba a tener que convencerte de que no lo mataras.

Gerardo: No soy como él.

74

Paulina (tirándole las llaves del auto a Gerardo): Anda a buscarle el auto.

(*Breve pausa*)

Gerardo: ¿Y a él lo dejo acá solo contigo?

Paulina: ¿No te parece que tengo edad como para saber cuidarme?

(*Breve pausa*)

Gerardo: Está bien, está bien, voy a buscar el auto... Cuídate.

Paulina: Tú también.

(*Va hasta la puerta*)

Paulina: Una cosa más, Gerardo. Devuélvele la gata.

Gerardo (tratando de sonreír): Y tú devuélvele el Schubert. Tienes tu propia cassette. (*Pausa breve*) Cuídate.

Paulina: Y tú también.

(*Sale. Paulina lo mira. Roberto va desatándose los tobillos*)

Roberto: Si me permite, señora, quisiera ir al baño. ¿Supongo que usted no tiene para qué seguir acompañándome?

Paulina: No se mueva, Doctor. Nos queda todavía un pequeño asunto pendiente. (*Pausa breve*) Va a ser un día increíblemente hermoso. ¿Sabe lo único que me hace falta ahora, Doctor, para que este día sea de verdad verdad perfecto? (*Pausa breve*) Matarlo. Para que yo pueda escuchar mi Schubert sin pensar que usted también lo va a estar escuchando, que va a estar ensuciando mi día y mi Schubert y mi país y mi marido. Eso es lo que me hace falta...

Roberto (se levanta bruscamente): Señora, su marido partió confiado... Usted dio su palabra, señora.

Paulina: Es cierto. Pero cuando di mi palabra, me quedaba un pocón de duda de que usted de veras fuera ese hombre. Porque Gerardo tenía razón. Pruebas, lo que se dicen pruebas... bueno, por ahí me podía haber equivocado, ¿no? Pero sabía que si usted confesaba, si lo escuchaba confesarse... Y cuando lo escuché, las últimas dudas se me esfumaron, y me di cuenta de que no iba a poder vivir tranquila si no lo mataba. (*Le apunta con el revólver*) Tiene un minuto para rezar y arrepentirse de veras, Doctor.

Roberto: Señora, señora... no lo haga. Soy inocente.

Paulina: Está confeso, Doctor.

Roberto: La confesión, señora... La confesión es falsa.

Paulina: ¿Cómo que es falsa?

Roberto: Mi confesión la fabricamos, la inventé...

Paulina: A mí me pareció súmamente verídica, dolorosamente familiar...

Roberto: Su marido me indicó lo que tenía que escribir, algo inventé yo... algo inventé, pero la mayoría me lo sugirió él a partir de lo que él sabía que le había pasado a usted, una fabricación para que usted me soltara, él me convenció que era la única manera de que no me matara y yo tuve que... usted sabe cómo, bajo presión, uno dice cualquier cosa, pero soy inocente, señora, por Dios que está en el cielo le...

Paulina: No invoque a Dios, Doctor, cuando está tan cerca de comprobar si existe o no. El que sí existe es el Fanta.

Roberto: Señora, qué es lo que...

Paulina: Varias veces en su confesión usted menciona al Fanta, ese tipo grande, fornido, se comía las uñas, no es cierto, no sé cómo tendría la cara. De lo que pude darme cuenta es que se comía esas uñas de mierda.

Roberto: Yo no conocí nunca a ningún señor que se llamara así. El nombre me lo dio su marido, todo lo que dije se lo debo a la ayuda de su marido... Pregúntele cuando él vuelva. El le puede explicar.

Paulina: El no tiene nada que explicar. Yo sabía que él iba a hacer eso, para salvarle la vida a usted, para protegerme a mí, para que yo no lo matara, yo sabía que él utilizaría mi confesión para armar la suya. El es así. Siempre piensa que es más inteligente que los demás, siempre piensa que tiene que estar salvando a alguien. No lo culpo, Doctor. Es porque me quiere. Nos mentimos porque nos queremos. El me engañó a mí para salvarme. Yo lo engañé a él para salvarlo. Pero gané yo. El nombre que le mencioné a mi marido fue el del Chanta, el Chanta, a propósito, un nombre equivocado para ver si usted lo corregía. Y usted lo corrigió, Doctor, usted corrigió el nombre del Chanta y puso el Fanta y si fuera inocente no tendría cómo haber sabido el nombre verdadero de esa bestia.

Roberto: Le digo que fue su marido el que me... Escuche. Por favor escúcheme. Primero dijo Chanta, después lo cambió y me dijo que era el Fanta. Debe haber pensado que era un nombre que le venía más a ese tipo de... Yo no sé por qué él me lo... Pregúnteselo. Pregúnteselo.

Paulina: No es la única corrección que usted hizo de la versión que yo le entregué a mi marido, Doctor. Habían varias otras mentiras.

77

Roberto: ¿Cuáles, cuáles...?

Paulina: Pequeñas mentiras, pequeñas variaciones que yo fui metiendo en mi relato a Gerardo, y varias veces, Doctor, no siempre, pero varias veces como con el Fanta, usted las fue corrigiendo. Tal como supuse que iba a ocurrir. Pero no lo voy a matar porque sea culpable, Doctor. Lo voy a matar porque no se ha arrepentido un carajo. Sólo puedo perdonar a alguien que se arrepiente de verdad, que se levanta ante sus semejantes y dice esto yo lo hice, lo hice y nunca más lo voy a hacer.

Roberto: ¿Qué más quiere, señora? Tiene más de lo que todas las víctimas de este país van a tener. Un hombre confeso, a sus pies, humillado (*se arrodilla*), rogando por su vida. ¿Qué más quiere?

Paulina: La verdad, Doctor. Dígame la verdad y lo suelto. Va a estar tan libre como Caín después de que mató a su hermano, cuando se arrepintió. Dios le puso una marca para que nadie lo pudiera tocar. Arrepiéntase y yo lo dejo libre. (*Pausa breve*) Tiene diez minutos. Uno, dos, tres, cuatro, cinco, seis. ¡Vamos! Siete. ¡Confiese, Doctor!

(*Roberto se para del suelo*)

Roberto: No. No lo voy a hacer. Por mucho que me confiese, usted no va a estar nunca satisfecha. Me va a matar de todas maneras. Así que máteme. No voy a seguir permitiendo que una mujer loca me trate de esta manera vergonzosa. Si quiere matarme, máteme. Sepa, eso sí, que mata a un hombre inocente.

Paulina: Ocho.

Roberto: Así que seguimos en la violencia, siempre en la violencia. Ayer a usted le hicieron cosas terribles y ahora usted me hace cosas terribles a mí y mañana... más y más y más. Yo tengo niños... dos hijos, una mujercita... Qué tienen que hacer ellos, pasarse quince años buscándola y cuando la encuentren, ellos...

Paulina: Nueve.

Roberto: Ay, Paulina... ¿No te parece que es hora de terminar de una vez?

Paulina: Y por qué tengo que ser yo la que se sacrifica ¿eh?, yo la que tengo que morderme la lengua, siempre nosotros los que hacemos las concesiones cuando hay que conceder, ¿por qué, por qué? Esta vez no. Uno, uno, aunque no fuera más que uno, hacer justicia con uno. ¿Qué se pierde? ¿Qué se pierde con matar aunque no fuera más que uno? ¿Qué se pierde? ¿Qué se pierde?

(*Van bajando las luces y quedan Paulina y Roberto, en la penumbra, ella apuntándolo a él y antes de que hayan bajado del todo, empieza a escucharse una música de cuarteto. Es el último movimiento del cuarteto Disonante de Mozart. Paulina y Roberto van siendo tapados por un espejo gigante que le devuelve a los espectadores su propia imagen. Durante un largo rato, mientras oyen el cuarteto de Mozart, los espectadores simplemente miran su propia imagen en el espejo.*)

Escena 2

Lenta o bruscamente, según los recursos de que se dispongan, el espejo se transforma en una sala de conciertos. Han pasado varios meses. Es de noche. Aparecen Gerardo y Paulina, ambos vestidos en forma elegante. Se sientan entre los espectadores y de espaldas a ellos, sea en dos butacas del mismo público o en sillas que se colocan frente al espejo, viéndose sus caras. También es posible, aunque no recomendable, que las sillas estén colocadas de cara al público. Se escuchan por debajo de la música algunos sonidos típicos de un concierto: carrasperas, una tos aislada, un aletear de programas, hasta alguna respiración entrecortada. Al llegar a su final la música, Gerardo empieza a aplaudir y se escucha un aplauso que va creciendo entre lo que evidentemente es el público presente. Paulina no aplau-

*de. Los aplausos empiezan a disminuir hasta que
desaparecen del todo y se oyen los ruidos habituales de
una sala de conciertos cuando se termina parte del
programa: más carrasperas, murmullos de los espectadores, cuerpos que se mueven hacia el foyer. Empiezan
los dos a salir, saludando gente, parándose a charlar de
pronto. Se alejan de sus asientos y avanzan por un foyer
imaginario que está aparentemente lleno de espectadores. Se oyen cuchicheos, se ve humo que sale de cigarri-
llos, etc. Gerardo se pone a hablar con miembros del
público, como si asistieran al concierto.*

Gerardo (en forma íntima, a diversos espectadores): Gracias, muchas gracias. Sí, quedamos bastante con-
tentos con el Informe… (*Paulina va yéndose hacia
un lado, donde está instalado un puesto de venta.
Gerardo seguirá hablando con quienes lo rodean hasta
que ella vuelva*) Se está actuando con una gran
generosidad, sin ningún ánimo de venganza
personal. Mira, te voy a decir cuándo supe que la
Comisión de veras iba a ayudarnos a sanar las
heridas del pasado. Fue el primer día de nuestra
investigación. Se acercó a dar su testimonio una
señora de edad, Magdalena Suárez, creo que se
llamaba, tímida, hasta desconfiada. Empezó a
hablar parada. "Siéntese", le dijo el Presidente de
la Comisión y le ofreció una silla. La señora se
sentó, y se puso a llorar. Después nos miró y nos
dijo: "Es la primera vez, señor", nos dijo —su
marido estaba desaparecido hace nueve años, y
había hecho miles de trámites, miles de horas de
espera—, "Es la primera vez," nos dijo, "en todos
estos años, señor, que alguien me ofrece sentarme".

Imagínate lo que es que te traten durante años de loca y mentirosa y de pronto eres otra vez un ser humano, contando tu historia para que todos la puedan escuchar. No podemos devolverle el marido muerto, pero podemos devolverle su dignidad; que por lo demás ella nunca perdió. Eso sí que no tiene precio. (*Suena una campana que indica que está por recomenzar el concierto*) Bueno, los asesinos... ya sabía que me lo ibas a preguntar... Mira, aunque no sepamos, en muchos casos, sus nombres, o no podamos revelarlos... (*Paulina ha seleccionado unos dulces, paga, vuelve a juntarse con Gerardo. Entra Roberto en una luz levemente distinta, con cierta dualidad casi fantasmagórica, como de luna. Ella todavía no lo ve. Roberto se queda contemplando a Paulina y a Gerardo desde lejos*) Ah, Paulineta linda, justo a tiempo. Bueno, viejito, a ver si nos tomamos unos tragos en casa, ahora que estoy más libre. La Pau hace un pisco sour que es de miedo.

(*Se sientan. Roberto los sigue. Se sienta en un extremo de la misma fila, mirando siempre a Paulina. Se escuchan aplausos, al entrar los músicos. Unos breves acordes para templar los instrumentos. Empieza a oírse **La Muerte y la Doncella**. Gerardo mira a Paulina que mira al frente. El le toma la mano y entonces, sin soltársela, comienza a mirar también al frente. Después de unos instantes, ella se da vuelta lentamente y mira a Roberto que la está mirando. Se quedan así por unos instantes. Después ella vuelve y mira al frente. Roberto sigue mirándola. Las luces bajan mientras la música toca y toca y toca.*)

Fin de la obra.

LA MELODIA DEL MONSTRUO

MATTHIAS MATUSSEK

Paulina Salas es una mujer con cicatrices en el alma. Años atrás fue secuestrada, llevada a otro lugar, humillada y violada por la soldadesca de la Junta. Pero ahora el país florece en la primavera de la democracia. Ahora se supone que verdugos y víctimas conviven tranquilamente. Y Paulina Salas trata de volver a la normalidad. Lugar: prácticamente cualquier lugar del mundo. Epoca: actual.

Uno pensaría que el amargo ajuste de cuentas con el pasado dictatorial que hace el autor chileno Ariel Dorfman tendría mejores posibilidades de éxito en cualquier lugar del mundo que en Broadway, la franja de teatros norteamericanos "Ohnsorg" (en alemán, teatro trivial, kitsch). Sin embargo es precisamente aquí que la obra está celebrando su triunfo, porque es aquí, en el Brooks Atkinson Theater, donde Glenn Close, Richard Dreyfuss y Gene Hackman se han olvidado por una semanas de lo que realmente son: estrellas de Hollywood. Es aquí donde están haciendo lo que aprendieron a hacer: actuar en teatro. Los tres han dejado de ser estrellas para ser actores humanos.

Glenn Close es Paulina Salas. Es alta y rubia y de una fuerza febril. Ama a su marido, Gerardo (Richard Dreyfuss), quien pertenece al mundo de los que no tienen cicatrices. Eso es lo que ella más ama en él: su normalidad. A Gerardo lo han nombrado presidente de una comisión gubernamental que debe investigar el pasado. Su marido hace carrera... qué bien. El país experimenta con la democracia... qué maravilloso.

Paulina ama a su marido como alguien que se está

ahogando ama la costa que promete salvación, porque está traumatizada. Ha aprendido arduamente a enfrentar otra vez la vida cotidiana... pero sigue siendo un ser frágil. Glenn Close ha desarrollado una fascinante fuerza neurótica. Cada uno de sus pasos en el frío escenario, todos sus gestos, todas las palabras están ligeramente fuera de tono... Todo en ella es demasiado forzado, demasiado grande. Su risa es la de una mujer que se asusta de sus pesadillas.

Sus pesadillas no tienen forma, pero tienen voz. La voz del médico que la humilló y la maltrató. La voz del torturador, que amaba la música clásica y disfrutaba en especial de hacer escuchar *Der Tod und das Mädchen* a las víctimas que atormentaba.

Esa noche Paulina oye nuevamente la voz, oye la música atrozmente familiar de Schubert, la melodía del monstruo.

Porque esa noche, muy tarde, su marido trae un invitado, el que lo ayudó cuando tuvo el problema con el auto. Ahora lo está convenciendo de que pase la noche en su casa. Gene Hackman es Roberto Miranda, un tipo grandote, simpático, de rostro bondadoso. Desde su habitación Paulina sólo oye su voz.

Una sombra cruza el escenario como una flecha. Se oye un disparo apagado. Paulina lleva a su víctima al living, lo ata y espera junto a él que llegue el amanecer del día en que se hará justicia.

Está decidida. Fríamente decidida. Sin pensarlo dos veces, apunta con el revólver a su marido cuando él intenta ayudar al huésped. Paulina no tiene otra evidencia que la voz del torturador. Y el olor que detectó al inclinarse para atar a su víctima. Discute con su marido, horrorizada, por encima de la cabeza de Miranda. Si me amas, déjame que lo mate. Si quieres que esta alimaña viva, dame su confesión. Pero, ¿qué valor tiene una confesión forzada? Hace veinticuatro horas que su marido es presidente de una comisión de investigación. Es responsable de la justicia, de la democracia. Las dictaduras matan para conservar el poder. Las democracias no derraman sangre. Más bien exigen vigilancia. Y a la vez, como lo demuestra Richard Dreyfuss, también exigen indiferencia hacia las víctimas y sus necesidades de venganza. Dreyfuss... una persona honesta. Pero ese día a Paulina le importa un bledo la democracia o la racionalidad. Exige sus antiguos derechos. La terapia de Paulina: Miranda sufrirá lo que ella sufrió.

Cuando la pieza se dio en Londres, Miranda resultó rápidamente sentenciado en un juicio político. Se lo declaró culpable. Punto. La representación en Viena también dio por seguro que Miranda era, en efecto, el médico del horror. En cambio, Gene Hackman, en Broadway, tomó una inteligente decisión: retrata a un tipo furioso y horrorizado a causa de lo que le hace una persona obviamente insana... Retrata a un inocente. "Sólo así la obra tiene sentido", dijo en uno de los ensayos. La única respuesta de Glenn Close fue reírse y dijo: "Por supuesto que es culpable. Conozco su voz, y su olor. Y una mujer no olvida esas cosas".

Estas energías se entrecruzan y cobran vida en el escenario, y el *thriller* político adquiere una nueva dimensión: la de un drama sobre la violencia sexual, pero también la de un drama sobre el amor y sus heridas. Y de pronto el público se encuentra en el lugar del jurado. ¿Fue él o no? ¿Cómo puede un hombre proclamar su inocencia cuando se lo acusa de violación? ¿Cuál es el valor de los recuerdos de una mujer traumatizada? ¿La voz es una prueba valedera? ¿Los recuerdos pueden ser engañosos?

El público de Broadway está frente a la obra en el Brooks Atkinson Theater como estuvo en las semanas y meses anteriores contra Clarence Thomas, o de violación contra Kennedy Smith y Mike Tyson.

Para ese público la caída de las dictaduras en América latina, Asia y Africa no significa mucho. Nichols, el director de la clásica batalla matrimonial ¿*Quién le teme a Virginia Woolf?* tal vez apunta bajo pero cala profundo. Demuestra que hasta la violencia política es, por encima de todo, un drama personal.

87

"No se puede capturar a la política en un teatro", dice, "pero se puede retratar a los seres humanos".

Como lo demuestran Glenn Close, Gene Hackman y Richard Dreyfuss, las dictaduras proyectan sombras largas. Siguen manipulando y envenando aun después de su caída. ¿Cómo pueden convivir los verdugos y las víctimas? ¿Cómo llegar a la reconciliación? Cuando Paulina recuerda, las luces se van apagando en el Brooks Atkinson Theater hasta que un solo spot ilumina a Glenn Close, su rostro, sus labios que relatan entrecortadamente las crueldades cometidas por el médico. Es una mujer que camina a tientas entre las atrocidades que ha sufrido como si fueran heridas recién abiertas. Hay confesiones que se hace a sí misma en el túnel del pasado, porque hasta las víctimas deben pasar la barrera de sus pensamientos reprimidos y admitir ante sí mismas que sufrieron injusticias paralizantes.

Y allá abajo, allá atrás en el pasado, se realizan las confesiones, porque el spot viaja hacia el rostro de Roberto Miranda. Gene Hackman trata de explicarse cómo un hombre culto, amante de la música, puede convertirse en un verdugo. Habla de la vergüenza que da paso a la fascinación de tener un poder absoluto sobre la víctima, y habla del camino escondido que se recorre para dejar de ser un Biederman (un pequeño burgués) y convertirse en un monstruo.

Durante su confesión, lentamente vuelven a encenderse las luces. Aquí, nuevamente en la conciencia del día, en la alegre casa de campo de Paulina y Gerardo, Miranda firma una declaración. Porque ése fue el pacto. Una confesión y quedaría libre. Pero Paulina cayó en su propia trampa. ¿Qué valor tiene una confesión forzada? ¿Miranda lamenta sus actos? ¿O sólo ha hecho su confesión para salvar su cabeza? Paulina apunta a Miranda.

Mike Nichols no resuelve la tensión. La escena final muestra a Paulina y Gerardo en una sala de conciertos. Está en programa *Der Tod un das Mädchen*. Un espectador retrasado se sienta en la hilera siguiente a la de Paulina y

Gerardo. Cuando se oyen los primeros compases Paulina y el desconocido vuelven las cabezas para mirarse. El hombre se parece a Miranda. ¿Un fantasma del pasado? ¿Una confusión? ¿Una reconciliación? Los tres actores se contemplan cien veces en esta escena. Mike Nichols dice: la historia de Paulina Salas y Gerardo Escobar y Roberto Miranda no sólo tiene lugar en Chile. Sucede en casi todas partes del mundo. Está sucediendo en este mismo momento.

Esta obra de Dorfman sobre el intento de reconciliarse con un pasado cuando la reconciliación es virtualmente imposible pronto será llevada al cine por Roman Polanski. Ya la han comprado veinte países... ha llegado a Lituania, Corea, Turquía. Y a Alemania, donde se dará en Munich y Hamburgo.

(Traducido por Alicia Steimberg
de la versión inglesa de Dirk Philipsen.)

LA VENGANZA ES UN CAMPO MINADO

A altas horas de la noche, un abogado llamado Gerardo, recientemente designado por una comisión para investigar las atrocidades que soportó su país bajo la dictadura, entra en su casa con un médico que detuvo su auto y lo ayudó cuando al suyo se le pinchó un neumático. Pero Roberto, el médico, puede ser un buen samaritano con una sombra muy larga. Cuando Paulina, la esposa de Gerardo, oye la voz solícita de Roberto, percibe sin lugar a dudas que se trata de un moderno Mengele que ayudó a torturarla quince años antes. Al despuntar el día, Roberto está atado a una silla y lo están juzgando; tal vez poniendo en juego su vida.

La escena es una réplica sudamericana de *Extremities*, el *thriller* norteamericano en el que un presunto violador se reencuentra con su víctima: y sucede que *La muerte y la doncella* posee tanta tensión y hace tanto impacto como esa pieza de batalla. Pero el autor chileno, Ariel Dorfman, tiene una mente más amplia, más sutil que William Mastrosmone. Las dimensiones, y sobre todo las ambigüedades intencionales, de esta obra le ganan el pasaje desde el Upstairs Theater hasta el principal escenario de los tribunales.

Nunca sabemos a ciencia cierta si los recuerdos de Paulina son exactos o si Roberto es presa de las fantasías vindicativas de ella. Esto no es evasión por parte de Dorfman. Por el contrario, le permite hacer varias cosas al mismo tiempo: recordarnos el terrible dominio de la dictadura, ganar nuestrta simpatía con la prolongada angustia de los personajes sufrientes, y además enfrentarnos con algo que preferiríamos olvidar: que la injusticia puede engendrar injusticia y las víctimas pueden tornarse tan impulsivas y crueles como sus perseguidores. Y eso de ninguna manera es todo. Forzando la confesión de Roberto, Dorfman nos ofrece una visión espeleológica del interior viscoso de la mente de un torturador, y es más: al dejarnos la duda sobre si la confesión es falsa, logra algo todavía más perturbador: al fin y al cabo gran parte del mal en el mundo es secreto y no llega a conocerse. Tal vez ese tipo sonriente que nos hace entrar en su consultorio para calmarnos los nervios y curarnos las heridas no es más que un buen médico. Pero tal vez pasó otra parte de su vida monitoreando los efectos de la electricidad aplicada a los genitales. En muchos países persisten estas terribles incertidumbres.

La obra consiste básicamente en un continuo debate entre los reclamos de la justicia desinteresada, enérgicamente expresada por el Gerardo de Bill Paterson, y los de la venganza, inolvidablemente corporizados en Paulina (Juliet Stevenson). ¿Debemos seguir siendo civilizados, y tratar conscientemente de no imitar a los que fueron nuestros victimarios, o a veces debemos dejar hablar a la sangre? Con Michael Byrne temblando en su silla, Paterson protegiéndolo valientemente, y Stevenson apuntando con su arma y pasando de la furia a la ironía y luego a la histeria y a una repentina ternura y a una euforia cáustica... bueno, ninguna de estas preguntas es abstracta. La producciónde Lindsay Posner es tan urgente como la historia actual de Amnesty International.

Jeremy Kingston dice en su crítica que ésta es una obra maestra. Calificación que hay que manejar con cuidado. Pero creo que tiene razón.

Benedict Nightingale
Publicado en *The Times* de Londres el 6/11/91
(Traducción: Alicia Steimberg)

POSTFACIO

El general Augusto Pinochet todavía malgobernaba Chile y yo todavía me encontraba en el exilio cuando comencé a explorar la situación dramática que ocho, quizá nueve años más tarde se convertiría en *La Muerte y la Doncella*. Un automovilista que ha sufrido un accidente menor en una carretera es rescatado por un hombre que amablemente lo lleva de vuelta a casa; pero su mujer cree reconocer en el Buen Samaritano al torturador que la violó cuando la detuvieron hace más de un decenio por actividades subversivas. Ella secuestra al presunto culpable y decide enjuiciarlo por su cuenta.

En varias oportunidades me senté a escribir lo que entonces imaginaba iba a ser una novela. Unas cuantas horas y unas tantas malogradas páginas más tarde, cedía, vencido por la frustración. Algo andaba mal. No me podía figurar, por ejemplo, quién podía ser el marido de aquella mujer, cómo reaccionaría ante esa violencia femenina, si iba a creerle o si iba a oponerse a sus designios. Tampoco estaba claro de qué manera la historia de ese claustrofóbico hogar se conectaba con la historia mayor, secreta y simbólica del país mismo.

Hay ocasiones en que un fórceps es imprescindible para ayudar a un niño a salir del vientre materno; pero a esas alturas de mi vida de escritor ya había aprendido que cuando ciertos personajes no quieren nacer la inducción del parto puede dañarlos y hasta torcer su destino irremediablemente. Mi trío tendría que esperar tiempos más auspiciosos para ver *la luz.

Tuvieron que esperar más de lo que hubiese augurado. No fue hasta que Chile volvió a la democracia en 1990 —y que yo mismo, por lo tanto, pude retornar al país en forma definitiva—, que finalmente logré encontrar cómo debía desarrollarse aquella situación literaria tan postergada.

Mi país vivía entonces, y aún vive en este momento en que escribo, una nerviosa transición a la democracia: si Pinochet ya no era Presidente, seguía en cambio como comandante en jefe de las Fuerzas Armadas, y podía todavía amenazar y por lo tanto intimidar a los civiles si éstos pretendían castigar las violaciones a los derechos humanos del pasado régimen militar. Además, para evitar el caos y la incesante confrontación, el nuevo gobierno debía llevar a cabo una política de coexistencia y hasta de cohabitación con aquellos secuaces que Pinochet había designado para ocupar sitios preponderantes en el Poder Judicial, Municipal y Parlamentario. Los demócratas debían tener cuidado, por otra parte, de no alienar a los sectores derechistas que manejaban la economía del país y que habían sido cómplices, defensores y por cierto beneficiarios de los diecisiete años de política represiva.

El recientemente elegido Presidente Patricio Aylwin respondió a este dilema nombrando una Comisión —llamada Rettig, por el respetado octogenario que la encabezó— que tendría por misión investigar los crímenes de la dictadura, siempre que éstos hubiesen terminado en la muerte o en su presunción. El informe final, sin embargo, no identificaría a los culpables ni los juzgaría.

Tal Comisión constituyó, sin lugar a dudas, un importante hito en el proceso de cicatrizar las profundas heridas del pasado. La verdad acerca del terror que se perpetró contra una sociedad entera siempre había existido para nosotros de manera fragmentaria y privada. Ahora, por fin, iba a ser reconocida en forma pública, establecida indesmentiblemente como parte de la historia oficial de la Nación. Que esa verdad se hiciera común y se compartiera era un paso esencial para que la comunidad resolviera sus fracturas y superara las divisiones y odios del pasado. El precio de tal estrategia se pagaba, sin embargo, con la impunidad para los victimarios, la falta de justicia para el país y la angustia de centenares de miles de víctimas, aquellos sobrevivientes cuya experiencia traumática sería relegada al olvido.

La iniciativa de Aylwin era valiente en cuanto enfrentaba a los militares y prudente en cuanto no los provocaba en exceso. Fue criticada por quienes esperaban que el terror pretérito fuera absolutamente enterrado y también por quienes exigían con igual tenacidad su revelación total.

Espectador fascinado, aunque distante, de los arduos trabajos de la Comisión, lentamente me di cuenta de que era posible que aquí estuviese la clave de esa narración irresuelta que me había rondado durante tanto tiempo: aquel secuestro, aquel enjuiciamiento, debían ocurrir en una nación que, lejos de encontrarse bajo la bota de un dictador, estaba transitando hacia la democracia. Colocar a mi trío de personajes en un momento histórico tan conflictivo les otorgaba trascendencia, puesto que sus acciones se llevarían a cabo en un país donde muchos se preguntaban cómo enfrentar el oculto daño que se les había hecho mientras que otros temían que sus crímenes quedaran revelados en forma pública. También se me hizo claro que el modo de asegurar que el marido de aquella mujer torturada fuera un antagonista digno era hacer de él un miembro de una comisión similar a la que encabezaba Rettig. No tardé mucho en darme cuenta de que estos prersonajes, más que la lenta forma narrativa, necesitaban urgentemente cobrar vida escénica ante la inmediatez indesmentible de un público.

Tal proyecto no estaba exento de peligros. Mi propia experiencia me enseñaba que a menudo la distancia es el mejor aliado de un autor, y cuando nos enfrentamos a acontecimientos que se encarnan y multiplican en la proximidad histórica siempre existe el peligro de sucumbir a una mirada "documental" o supuestamente realista; fácilmente cayendo en la tentación de ajustar la vida de los personajes a las circunstancias efectivas antes que arriesgarse a que nos sorprendan y perturben con su despiadada libertad, que nos muestren una realidad más profunda y verídica que subyace bajo la superficie de la vida cotidiana. Además sabía que se me criticaría un supuesto trastorno a la precaria paz de la República por el hecho de recordar a los espectadores las consecuencias del terror y de la violencia, precisamente en un momento en que se nos pedía ser particularmente recelosos.

Sentí, no obstante, que si como ciudadano debía ser responsable y razonable, como artista me tocaba responder al salvaje llamado con que mis personajes exigían un nacimiento pleno. El silencio que pesaba encima de tantos de mis compatriotas que se autocensuraban, temerosos de crear "problemas" a la nueva democracia, no podía ser acatado por los escritores. Consideré, al ponerme a escribir en 1990, y lo sigo pensando casi dos años más tarde al redactar estas líneas, que la democracia se fortalece expresando sus horrores y esperanzas. La manera de evitar la repetición de las grandes convulsiones no es callando su existencia.

Pensaba que, por lo menos en el caso de Chile, era posible que la única reparación real para muchas víctimas fuera, al final de cuentas, nada más que la verdad desnuda y terrible. Escatimar esa verdad, entonces, lejos de resolver esos conflictos, terminaría por intensificarlos y agudizarlos a largo plazo.

Tuve la intuición de que en esta obra podría explorar las preguntas más esenciales que los chilenos angustiosamente nos estábamos planteando en forma privada pero que rara vez veían la brutal luz pública. ¿Cómo pueden los represores y los reprimidos cohabitar una misma tierra, compartir una misma mesa? ¿Cómo sanar un país que ha sido traumatizado por el miedo si ese mismo miedo todavía sigue haciendo su silenciosa labor? ¿Y cómo llegar a la verdad si nos hemos acostumbrado a mentir? ¿Podemos mantener vivo el pasado sin convertirnos en su prisionero? ¿Y podemos olvidar ese pasado sin arriesgar su reiteración futura? ¿Es legítimo sacrificar la verdad para asegurar la paz? ¿Y cuáles son las consecuencias para la comunidad si suprime las voces de ese pasado? ¿Acaso es posible que un pueblo busque justicia e igualdad si le ronda siempre la amenaza de una intervención militar? Y dadas estas circunstancias, ¿cómo evitar la violencia? ¿Y en qué sentido somos todos en parte responsables del sufrimiento ajeno, de los grandes errores que condujeron a un enfrentamiento tan terrible? Y quizás el dilema más tremendo de todos: ¿de qué manera confrontar estas preguntas sin destruir el consenso nacional, que es el fundamento de toda estabilidad democrática?

A las tres semanas de haberme sentado a escribir la obra, *La Muerte y la Doncella* estaba lista para enfrentar el mundo. Aunque no tardé mucho en darme cuenta de que el montaje que se me proponía en Chile estaba plagado de problemas y que su puesta en escena sería precaria y hasta de laboratorio, pensé que sería suficientemente acabada como para que el

96

público sintiera un gran desafío. Yo estaba convencido de que si la obra revelaba en forma peligrosa demasiados conflictos escondidos que se agitaban debajo de la calma superficial de la nación y, por ende, amenazaba la seguridad psicológica de muchos, también podía terminar siendo un instrumento a través del cual esas mismas personas pudiesen tantear en los rincones de su identidad y adentrarse en las contradictorias opciones que se abrían ante nosotros. No era justo que, después de tantos años de ausencia y tantos años luchando por la democracia, estrenara la obra primero en el extranjero. *La Muerte y la Doncella* fue el regalo de retorno que yo quise brindarle a la transición.

La recepción de la obra en Chile fue tan fracturada y ambigua como el texto mismo. Si en funciones gratuitas los pobladores, las víctimas, los estudiantes —en fin, todos los que carecían de poder para difundir su palabra o para pagar su entrada— se sintieron profundamente conmovidos por la obra, los críticos la recibieron, con algunas excepciones, despectivamente, y la gran masa de los habituales asistentes al teatro prefirieron simplemente ignorarla. Tuvimos que cerrar a los dos meses.

Pensando el asunto retroactivamente, creo que las razones de tal rechazo por parte de la mayoría de la élite chilena no son tan sorprendentes. A los seguidores de Pinochet no podía convenirles una tan descarnada escenificación de los efectos de una violencia, cuya existencia les avergonzaba y que incluso seguían negando. Pero a mis propios compañeros de la resistencia, que ahora gobernaban Chile, tampoco les resultó ser grata mi obra: *La Muerte y la Doncella* venía a irrumpir, incómodamente, en un complejo proceso de transición que requería, de parte de la ciudadanía, el olvido o por lo menos la postergación de sus dolores, en aras de una necesaria paz social. Ponía el dedo en una llaga que demasiados deseaban disfrazar de cicatriz. Otros, en cambio, sentían que los temas de la represión ya habían saciado y fatigado a la opinión pública y que era hora, como dice Gerardo, mi personaje abogado, de dar vuelta la hoja. En tales circunstancias, debería yo haber anticipado que muchos preferirán culpar a la obra de inoportuna o estéticamente deficiente, antes de preguntarse si no había algo que funcionaba mal en su modo de aproximarse a ella.

Se me ocurre que tampoco ayudó que el autor de la pieza teatral recién llegase del exilio. Si mi distancia con mi propia sociedad terminó siendo decisiva, para que no dependiera ni económica ni emocionalmente de grupos locales y pudiese, por ende, escribir en forma un tanto temeraria lo que se me antojara, esa misma distancia me dejaba abierto a críticas por parte de quienes resentían los privilegios y recursos que mi vida en el exterior me brindaba. Después de todo, me era más fácil criticar la transición, porque si ésta fallaba yo siempre podría marcharme a los Estados Unidos mientras que ellos tendrían que sufrir en sus propios cuerpos cualquier deterioro de la situación.

Este relativo fracaso en mi propio país subraya que, en sociedades en vías de democratización e incluso en las que son plenamente democráticas, hay límites de lo que puede tolerarse, un callado consenso que un arte disidente no debe transgredir. La marginación que mi obra sufrió viene a simbolizar una estrategia más amplia y peligrosa de exclusión que se está repitiendo, por lo menos en Chile y probablemente en otras democracias frágiles, con una multitud de manifestaciones artísticas, particularmente aquellas que producen los jóvenes. Esos productores culturales chilenos, al no encontrar canales de expresión en su propia patria, no tienen los contactos en el exterior que les permitan darle la espalda a la mezquindad y cautela nacional y montar su obra más allá de nuestras fronteras. Si no emigran, ellos están condenados al silencio, a la autocensura o al leve espacio contra-cultural, de los que me salvaron mis largos años en el desierto y la aceptación que mi literatura había alcanzado globalmente. Yo pude presentar *La Muerte y la Doncella* ante públicos extranjeros e incluso lograr que su extraordinaria aceptación y éxito internacionales repercutieran en mi propio país, llevándose a cabo una sorprendente re-apreciación positiva de parte de las autoridades y la prensa. Tan es así que los mismos críticos que habían despreciado la obra teatral en marzo de 1991 le otorgaron en diciembre de ese mismo año a María Elena Duvauchelle, la actriz que hizo el rol en

Santiago en la puesta en escena un tanto improvisada e incompleta, el premio a la mejor actriz.

Falta por ver cómo serán la reacción del público y de la crítica ante la obra cuando se estrene en el curso de estos años en una serie de otros países hispanoamericanos y en España; pero me parece evidente que *La Muerte y la Doncella* no puede considerarse circunscripta solamente a Chile sino que parece interesar a una multitud de otras naciones que viven situaciones y dilemas parecidos. Tampoco debe verse tan sólo como una exploración de los temas de la tortura, de la justicia, de los miedos y los modos de sanar de una comunidad, sino que se encuentran aquí sobre todo aquellos temas que me han obsesionado en mis novelas, cuentos, poemas y ensayos anteriores. En toda mi ficción, por ejemplo, estoy obsesionado por imaginar el mundo que emerge cuando una mujer toma el poder. O una serie de otras dudas: ¿Cómo puede decirse la verdad si la máscara que hemos adoptado termina siendo idéntica a nuestra cara? ¿Cómo saber si la memoria nos salva o nos engaña? ¿Cómo conservamos la inocencia en medio de un mundo maligno y corrupto? ¿Podemos perdonar a quienes nos han hecho un daño irreparable?

A la vez, *La Muerte y la Doncella* se sitúa dentro de una larga búsqueda estética en mi propia vida por encontrar el modo de escribir una literatura que sea política pero no panfletaria; el intento de narrar historias que sean populares y a la vez llenas de ambigüedad; historias que puedan acceder a grandes masas de espectadores y que simultáneamente sean experimentales en su estilo.

Como saben mis lectores, me he preocupado particularmente de cómo los medios masivos de comunicación pueblan la imaginación contemporánea con soluciones fáciles y cómodas para la mayoría de nuestros problemas. Tal estrategia estética, no sólo me parece que desprecia y falsea la difícil y abigarrada condición humana sino que, en el caso de Chile o de cualquier otro país que emerge de un período de enorme sufrimiento, es contraproducente para el desarrollo y crecimiento de la colectividad.

En *La Muerte y la Doncella* me decidí por un camino diferente.

Preferí escribir lo que podría llamarse una tragedia, por lo menos si atendemos a la función que le reconoció Aristóteles hace miles de años: ayudar al público a purgarse a través de la conmiseración y el terror, es decir, permitir que una comunidad se enfrentara a los temas que, de no tratarse a la dañada luz del día, podrían conducir a su ruina o menoscabo.

Espero que la múltiple y feroz verdad que Paulina, Gerardo y Roberto encarnan, y que se originó lejanamente en Chile, sirva ahora para que los espectadores de muchos otros países enfrenten de cara los dilemas y los dolores que han pasado o que se avecinan.

Si a esos espectadores les duele *La Muerte y la Doncella*, mi único consuelo es que piensen en cuánto me dolió tener que escribir esta obra. Y les recuerdo que ésta es, después de todo y ante todo, una historia de amor.

Ariel Dorfman, julio de 1992.

Otros títulos de esta colección

Griselda Gambaro: Teatro

Tomo 1   Real envido
         La malasangre
         Del sol naciente

Tomo 2   Dar la vuelta
         Información para
         extranjeros
         Puesta en claro
         Sucede lo que pasa

Tomo 3   Viaje de invierno
         Sólo un aspecto
         La gracia
         El miedo
         Decir sí
         Antígona furiosa
         y otras piezas breves

Tomo 4   Las paredes
         El desatino
         Los siameses
         El campo
         Nada que ver

Tomo 5   Efectos personales
         Desafiar al destino
         Morgan
         Penas sin importancia

Roberto Cossa: Teatro

Tomo 1   (El 60)
Nuestro fin de semana
Los días de Julián Bisbal
La ñata contra el libro
La pata de la sota
Tute cabrero

Tomo 2   El avión negro
La nona
No hay que llorar

Tomo 3   El viejo criado
Gris de ausencia
Ya nadie recuerda
a Fréderic Chopin
El tío loco
De pies y manos
Yepeto
El Sur y después

Tomo 4   Angelito
Los compadritos
Tartufo (adaptación)

Carlos Gorostiza: Teatro

Tomo 1   Aeroplanos
El frac rojo
Papi
Hay que apagar el fuego
El acompañamiento

Otros títulos de teatro en Ediciones de la Flor:

Se terminó de imprimir
en IMPRESIONES AVELLANEDA S.A.
Manuel Ocantos 253, Avellaneda, Bs. As.
en el mes de setiembre de 1992.